JN269531

手紙・メールの
フランス語

Christian Kessler
山下利枝

☺ Français

SANSHUSHA

はじめに

　本書は、フランス語の上達を望むみなさんが、メールやショートメッセージ（SMS）、ポストカード、手紙などのやりとりができるように書かれた、シンプルで実用的な手引書です。

　メールは、プライベートとオフィシャルなメールに分けました。前者は、友人や家族間で交わされる個人的なメールです。後者は、知り合いではない個人や組織に向けられたものです。

　それぞれのメールから4つの表現を選び、それぞれ2つの言い換え表現を掲載しており、状況に応じてさまざまな言い方を身に付けられるようになっています。文法知識や語彙を増やすこともできるでしょう。どのようにメールを書くかを知るだけでなく、表現の幅を広げ、文法の復習に役立てることもできるのです。簡単なものから複雑な内容まで多岐にわたるので、レベルに応じて多くの読者の役に立つはずです。

　第2章の後半にはショートメッセージのダイアローグ例も載せています。携帯電話ならではの短縮表現も見てみましょう。

　第4章には、ポストカードと手紙の例を収録しました。

　座右に置いて、または通勤通学のお供にお使いいただけると幸いです。

　さあ、始めましょう！　シンプルでわかりやすい本書を使って、あなたもフランス語でメールや手紙を書いてみましょう。新たな発見が待っているはずです。

Christian Kessler

ページの構成

テーマ

場面の説明

テキスト例

テキストからの主要な文

04 「メールありがとう」久しぶりの連絡

✉ 03に返信します

Objet : Travail

Très chère Angélique,

Merci de tes nouvelles. **J'attendais avec impatience ton mél.** ❶

Eh bien, un nouveau petit ami, quelle bonne nouvelle ! ❷ ⓐ J'espère le rencontrer bientôt. ⓑ

Pour l'instant comme je t'ai dit, je suis très occupée par le travail et ne peux donc pas te voir dans les prochains jours. Mais **dès que j'ai un créneau, je t'envoie un mél.** ❸

Embrasse ton nouveau copain pour moi. ❹

À plus,

Naoko

件名：仕事

アンジェリークへ
近況報告ありがとう。あなたからのメール、首を長くして待ってたの。❶
まあ、新しいカレとは、なんといういい知らせ！❷ⓐ 近いうちに会えるといいね。ⓑ
前に伝えたとおり、このところ仕事漬けで、当分は会えそうにないの。でも空き時間ができたら、すぐにメールするわね。❸
新しいカレによろしく。❹
また今度。
ナオコ

variations ≫ バリエーション

❶「メールありがとう」
J'attendais avec impatience ton mél.
- J'attendais depuis longtemps ton mél.
  長いこと、あなたからのメールを待っていました。
- J'étais impatient de lire ton mél.
  あなたからのメールを読みたくてたまらなかったの。

❷「よかったね」
Eh bien, un nouveau petit ami, quelle bonne nouvelle !
Tu as un nouveau copain, c'est génial !
新しいカレができたの、すごい！
Ah bon, un nouveau compagnon, c'est magnifique !
そう、新しいカレ、それは素晴らしい！

❸「…次第連絡します」
Dès que j'ai un créneau, je t'envoie un mél.
Dès que je suis libre, je te préviens par mél.
暇ができたら、メールで知らせるね。
Dès que j'ai un moment, je te le fais savoir par mél.
ちょっと時間ができたら、メールで知らせるわ。

❹「…によろしく」
Embrasse ton nouveau copain pour moi.
Fais-lui la bise de ma part.
カレによろしく伝えてください。
Je l'embrasse aussi.
カレにも心を込めて。

point ▶▶▶ ポイント

ⓐ 感嘆文
疑問形容詞quelは感嘆表現にも使われる。
Quel beau temps ! （何ていい天気！）
Quelle chaleur ! （何て暑さ！）
ⓑ rencontrer qnで「…に会う」だが、直接目的補語をとる。
J'ai rencontré Naoko sur mon chemin.
（私は途中でナオコに会った）

ポイント
フランス語独特の表現や、文法上の留意点について解説します。

❶〜❹の言い換え表現
メール本文中の❶〜❹の言い換え表現を2文ずつ紹介します。
＊ 本文中では主語の性・数によって語尾が変化する形容詞・過去分詞も、「バリエーション」の中では基本形で表示しています。

翻訳

第1章　手紙・メールの書き方 …… 9
コラム1　フランス語特有の文字（é、è、ê、ç、ï）の入力方法 …… 29

第2章　プライベートのメール …… 31

- ✉ 01 「メールアドレスが変わりました」**アドレスの変更を知らせる** …… 32
- ✉ 02 「新しいメールアドレスを登録しました」**アドレスの登録完了を知らせる** …… 34
- ✉ 03 「私のほうは順調です」**近況を報告する** …… 36
- ✉ 04 「メールありがとう」**久しぶりの連絡** …… 38
- ✉ 05 「飲みに行きましょう」**誘う** …… 40
- ✉ 06 「引っ越しました」**パーティーに招待する** …… 42
- ✉ 07 「出席します」**招待を受ける** …… 44
- ✉ 08 「お久しぶり」**近況を聞く** …… 46
- ✉ 09 「帰国します」**パーティーに招待する** …… 48
- ✉ 10 「出席します」**招待を受ける** …… 50
- ✉ 11 「欠席します」**招待を断る** …… 52
- ✉ 12 「素晴らしいパーティーだったね」**感想を述べる** …… 54
- ✉ 13 「フランスに行きます」**旅行の計画を知らせる** …… 56
- ✉ 14 「うちに泊まって」**訪問を喜ぶ** …… 58
- ✉ 15 「問題発生！」**計画を延期する** …… 60
- ✉ 16 「お願いがあります」**依頼する** …… 62
- ✉ 17 「残念ながら…」**依頼を断る** …… 64
- ✉ 18 「よろこんで！」**依頼を承諾する** …… 66
- ✉ 19 「ありがとう」**お礼を言う** …… 68
- ✉ 20 「…してくれませんか？」**依頼する** …… 70
- ✉ 21 「ごめんなさい」**詫びる** …… 72
- ✉ 22 「心配していました」**再会を約束する** …… 74
- ✉ 23 「ブログ始めました」**ブログの開設を知らせる** …… 76
- ✉ 24 「感動しました」**感想を伝える** …… 78

| 25 「面白い本を読みました」紹介する ……………………………………………… 80
| 26 「相談したいことが…」相談する …………………………………………… 82
| 27 「冷静になって」アドバイスする ……………………………………………… 84
| 28 「生まれました」子どもの誕生を知らせる …………………………………… 86
| 29 「おめでとう！」お祝いを述べる ……………………………………………… 88
| 30 「合格おめでとう」合格を祝う ………………………………………………… 90
| 31 「昇進おめでとう」昇進を祝う ………………………………………………… 92
| 32 「楽しもうぜ」パーティーに誘う ……………………………………………… 94
| 33 「間違えました」情報を訂正する ……………………………………………… 96
| 34 「添付ファイルが開けません」再送を依頼する ……………………………… 98
| 35 「ご多幸をお祈りします」クリスマスと新年を祝う ………………………… 100
| 36 「私からも…」返事をする …………………………………………………… 102
| 37 「誕生日おめでとう」誕生日を祝う ………………………………………… 104
| 38 「もう一緒にいられません」別れを告げる ………………………………… 106
| 39 「…の連絡先を教えてください」情報提供を依頼する …………………… 108
| 40 「これがアドレスです」アドレスを教える ………………………………… 110
| 41 「大丈夫ですか？」被災の状況を尋ねる …………………………………… 112
| 42 「心配しています」安否確認 ………………………………………………… 114
| 43 「お心遣いに感謝します」状況を伝える …………………………………… 116
| 44 「フェイスブックであなたを探しました」フェイスブックに招待する …… 118
| 45 「何してるの？」📱 …………………………………………………………… 120
| 46 「こっちは元気です」📱 ……………………………………………………… 120
| 47 「今は無理」📱 ………………………………………………………………… 121
| 48 「映画、どう？」📱 …………………………………………………………… 121
| 49 「いいね！」📱 ………………………………………………………………… 122
| 50 「もう、イライラする！」📱 ………………………………………………… 123

コラム2　ショートメッセージでよく使われる表現／よく使われる顔文字 ……124

もくじ

第3章　オフィシャルメール……127

- ✉ 51　「…から紹介いただきました」初めてのメール……128
- ✉ 52　「商品が壊れています」苦情を言う……130
- ✉ 53　「問題ありません」了解した旨を返信する……132
- ✉ 54　「会議を開催します」社内連絡①……134
- ✉ 55　「会議が中止になりました」社内連絡②……136
- ✉ 56　「送別会のお知らせ」社内連絡③……138
- ✉ 57　「昇進おめでとう」社内連絡④……140
- ✉ 58　「在庫はありますか？」問い合わせる……142
- ✉ 59　「お答えいたします」顧客への返信……144
- ✉ 60　「会員番号を忘れました」会員情報の問い合わせ……146
- ✉ 61　「新規登録してください」会員情報に関する案内……148
- ✉ 62　「注文を間違えました」注文を変更する……150
- ✉ 63　「変更できません」要望を断る……152
- ✉ 64　「了解しました」提案に同意する……154
- ✉ 65　「シンポジウムを開催します」イベントの告知……156
- ✉ 66　「興味があります。詳細を教えてください」問い合わせる……158
- ✉ 67　「ご確認ください」返信を求める……160
- ✉ 68　「了解しました」依頼を受ける……162
- ✉ 69　「ご確認ありがとうございました」確認の返信……164
- ✉ 70　「お尋ねします」語学学校への問い合わせ……166
- ✉ 71　「お問い合わせありがとうございます」問い合わせへの返信……168
- ✉ 72　「住所を教えてください」事務連絡……170
- ✉ 73　「ご案内します」問い合わせへの返信……172
- ✉ 74　「お返事ありがとうございます」お礼……174
- ✉ 75　「…に満足しておりません」クレームをつける……176
- ✉ 76　「申し訳ございません」謝罪する……178
- ✉ 77　「部屋はありますか？」問い合わせ……180
- ✉ 78　「お問い合わせの件…」問い合わせへの返信……182

- ✉ 79 「予約をお願いします」予約する ... 184
- ✉ 80 「提出期限を延期させてください」担当教授へのお願い ... 186
- ✉ 81 「事情はわかりました」申し出を了承する ... 188
- ✉ 82 「それは認められません」申し出を却下する ... 190
- ✉ 83 「お電話した件、よろしくお願いします」要望を伝える ... 192
- ✉ 84 「ご利用ありがとうございます」予約の確認 ... 194
- ✉ 85 「詳細をお教えください」情報提供を依頼する ... 196
- ✉ 86 「ご賛同ありがとうございます」協力に感謝する ... 198
- ✉ 87 「サービスを提供します」サービスの告知 ... 200
- ✉ 88 「加入を希望します」サービスに登録する ... 202
- ✉ 89 「年会費が必要です」条件を提示する ... 204
- ✉ 90 「提案お待ちしています」意見を募る ... 206
- ✉ 91 「楽しく拝見しています」ファンメール ... 208
- ✉ 92 「逝去されました」訃報 ... 210
- ✉ 93 「お悔やみ申し上げます」お悔やみ ... 212

コラム3　メール・インターネット関連用語 ... 214

第4章　手紙・ポストカード ... 215

- ✉ 94 「みんな、元気？」旅先からの便り 🎧 ... 216
- ✉ 95 「写真、すてきでしょ？」旅先からの便り 🎧 ... 218
- ✉ 96 「家族のみんな」家族へのはがき 🎧 ... 220
- ✉ 97 「ペタンクをやってみました」旅の報告 🎧 ... 222
- ✉ 98 「君がいなくて寂しい」ラブレター 🎧 ... 224
- ✉ 99 「無事帰国しました」お礼 🎧 ... 226

コラム4　フランス人の手書きの文字 ... 228

索引 ... 230

第1章

手紙・メールの書き方

1 ▶ メールの書き方

フランス語でメールのことをmélといいます。courrielということもありますが、本書では、より一般的なmélで統一してあります。

メールの場合、手紙ほど決まった書き方はないともいわれますが、呼びかけや結びなどのあいさつは同じです。親しい間柄ではtu、オフィシャルではvousと呼びかけるように、呼びかけや結びのあいさつにもそれぞれにふさわしい定形があります。

なお、メールの場合、手紙のように日付は必要ありません。

まずはプライベートとオフィシャルなメールを例に、構成を見てみましょう。

構成

▶▶プライベートなメールの例

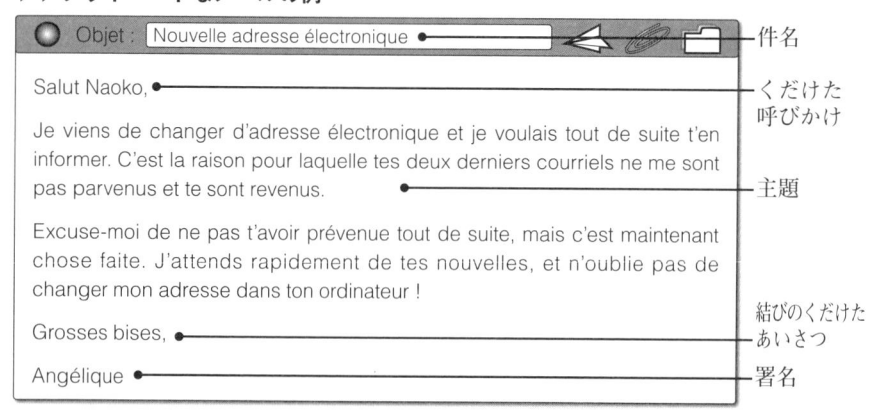

Objet : Nouvelle adresse électronique —— 件名

Salut Naoko, —— くだけた呼びかけ

Je viens de changer d'adresse électronique et je voulais tout de suite t'en informer. C'est la raison pour laquelle tes deux derniers courriels ne me sont pas parvenus et te sont revenus. —— 主題

Excuse-moi de ne pas t'avoir prévenue tout de suite, mais c'est maintenant chose faite. J'attends rapidement de tes nouvelles, et n'oublie pas de changer mon adresse dans ton ordinateur !

Grosses bises, —— 結びのくだけたあいさつ

Angélique —— 署名

▶▶オフィシャルメールの例

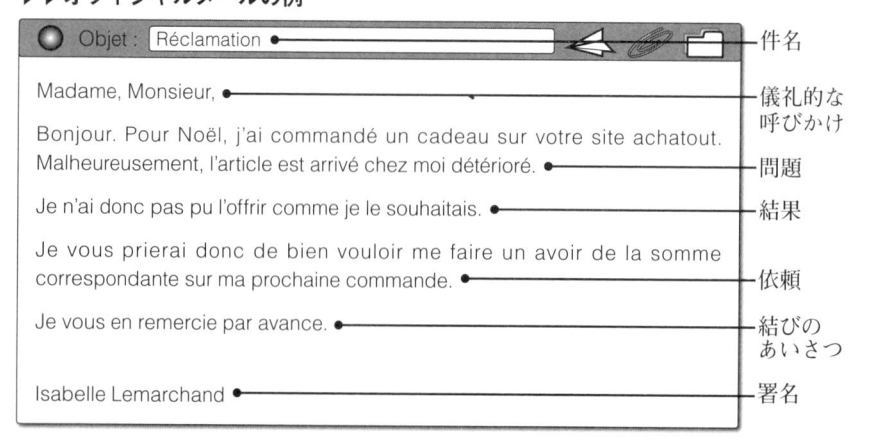

Objet : Réclamation —— 件名

Madame, Monsieur, —— 儀礼的な呼びかけ

Bonjour. Pour Noël, j'ai commandé un cadeau sur votre site achatout. Malheureusement, l'article est arrivé chez moi détérioré. —— 問題

Je n'ai donc pas pu l'offrir comme je le souhaitais. —— 結果

Je vous prierai donc de bien vouloir me faire un avoir de la somme correspondante sur ma prochaine commande. —— 依頼

Je vous en remercie par avance. —— 結びのあいさつ

Isabelle Lemarchand —— 署名

呼びかけ

　親しき仲にも礼儀あり、急いでいる時は相手の名前やあいさつを省略して用件からいきなり始めることもありますが、親しい間でよく使う呼びかけには以下のようなものがあります。

　なお、オフィシャルでもファーストネームで呼びかけることがあります。

　また、呼びかけの後にはコンマが入ります。コンマに続く本文の文頭は大文字で書き始めます。

▶▶プライベートなメールの呼びかけ
―ファーストネームで呼びかける
Izumi,
Adrien,

―「こんにちは○○」「親愛なる○○」
Salut Julien,
Bonjour Naoko,

（男性に）
Cher François,
Mon cher François,
Très cher Robert,

（女性に）
Chère Catherine,
Ma chère Izumi,
Très chère Angélique,
Ma très chère Atsuko,

―「みなさん」
Chers tous,
Mes amis,
Mes chers amis,
Mes très chers amis,

▶▶オフィシャルメールの呼びかけ
―「こんにちは」
Bonjour,
Madame,
Monsieur,
Madame, Monsieur,
Chère Yasuko,

Cher Hisao,
Chère Corinne Laborde,
Chère Madame Yasuko Taguchi,
Mlle Watanabe,

― 「みなさん」「各位」
Chers collègues/Chères collègues et amis,
À tous,
Chers amis,

結びのあいさつ

　プライベートでは、「ではまた」「またそのうち」などのほか「キスを送ります」といった表現を用います。
　問い合わせなど会社宛てのオフィシャルなメールでは、「あらかじめお礼申し上げます」という言い回しをよく使います。

▶▶プライベートなメールの結びのあいさつ
― 「ではまた」「…に」
À Plus.
A +
À dimanche.
Au samedi 24.
À dans deux semaines.
À bientôt.
À bientôt j'espère.

― 「キスを送ります」
Bises.
Grosses bises.
Bises à tous.
Je t'embrasse.
Je t'embrasse aussi.
Je t'embrasse tendrement.
Je vous embrasse tous.

― 「君のことを考えています」
Je pense à toi.

― 「友情を込めて」「あなたの友○○」
Amitiés.
Amicalement.
Ton ami fidèle.
Ton ami Olivier.

― 「返信待ってます」
J'attends ta réponse.
Donne-moi vite de tes nouvelles.
Réponds-moi vite.
J'attends ton texte avec impatience.
Je t'attends avec impatience et t'embrasse très fort.

― 「グッドラック」
Bonne chance.

― 「よろしくお伝えください」
Transmets mes amitiés à Philippe.
Transmets toutes mes amitiés à Toru.

― 「会えるのを楽しみにしています」
Au plaisir de se revoir bientôt en France.

― 「ありがとう」
Merci encore mille fois.

― 「頼りにしてます」
Je compte sur toi.

― 「おめでとう」
Encore toutes mes félicitations.

―「心配しています」
Tes amis japonais qui s'inquiètent.

▶▶フォーマルメールの結びのあいさつ
―「ありがとうございます」「あらかじめお礼申し上げます」
Je vous en remercie par avance.
Je vous en remercie d'avance.
Merci de nous être fidèle.
Je compte sur vous pour être prêt, merci à tous.
Merci de vote fidélité.
Merci d'avance.
Merci de m'aider en m'expliquant clairement comment procéder.
Merci de ces précisions.
Merci d'avance de tous les efforts que vous consentez pour nous.
Merci de votre intérêt et nous restons évidemment à votre disposition.
Merci encore pour votre magnifique émission, et bon travail.

―「心を込めて」
Cordialement.
Avec toutes nos amitiés.
Toutes mes amitiés à vous et à votre famille.
Mon mari et moi vous envoyons toute notre affection.

―「お返事お待ちしています」
Merci de votre réponse.
Dans l'attente de votre réponse, recevez nos salutations les plus cordiales.
Dans l'attente de votre réponse, recevez Madame, nos salutations les plus sincères.
Nous attendons de vos nouvelles.
Dans l'espoir d'une prompte réponse, recevez mes salutations les plus sincères.
A vous lire.

―「よろしくお伝えください」
Transmettez mes amitiés à M. Dupont.

— 「それでは」「○○より」「敬具」

Bien à vous.
Votre cliente fidèle.
Avec mes salutations les plus distinguées.
Veuillez recevoir nos salutations les plus distinguées.
Avec mes salutations distinguées.
En espérant que vous tiendrez compte de ma demande, acceptez mes meilleures salutations.
Recevez Monsieur le professeur, mes salutations les plus sincères.

2 ▶ プライベートとオフィシャルなメールの違い

　プライベートなメールは個人的な内容であることが多く、知り合い同士の会話に近い体裁をとります。結びのあいさつも、話し言葉、あるいはポストカードの結びと同じくらいシンプルです。構成にも定まったフォームはなく、思い思いに綴られ、話の順序にも規則性があるとはいえません。結びの言葉はとくになく、送信者のファーストネームだけで署名に代えることもあります。

　一方、オフィシャルなメールのほうは、よく知らない人に向けられたものです。結びのあいさつも、手紙に近いといえるでしょう。手紙の形式の特徴はオフィシャルなメールに多く認められ、洗練されています。オフィシャルなメールの構成は定形にのっとっており、構成も明快でなければなりません。

vous から tu へ～呼びかけと結びのあいさつの4段階

▶▶ステップ1

　まず、相手が男性か女性かもわからない場合は、Madame ou Monsieur または Madame/Monsieur（ご担当者様）のように呼びかけます。また、結びは Merci par avance de votre réponse.（お返事お待ちしております）または Bien à vous.（皆様にどうぞよろしく）のようにします。

▶▶ステップ2

　続くメールで、相手がフレンドリーであることが感じられた場合は、Chère Madame や Cher Monsieur のように呼びかけ、結びを Cordialement. とするとよいでしょう。あなたのメールへの返信が、たとえば Cher Christian Kessler のようにファーストネームを含んでいれば、同じように Chère Dorothée Renaison と返すことができます。そのときの結びは、Amicalement 。もっとフレンドリーさを出すなら Très amicalement. もよいでしょう。

▶▶ステップ3

　その後、相手が Cher Christian のようにファーストネームで呼び始めたら、あなたも Chère Dorothée とファーストネームで呼びかけてみましょう。ここまでくると結びは Amitiés でけっこうです。二人は、同じ職場で昼食を共にすることがあるなど、個人的に知り合う一歩手前までいっていることを表わします。この段階では、親称 tu で呼び合うことも可能ですが、実際に会わないうちは、敬称 vous のままとどめることが多いようです。

▶▶ステップ4

相手がMadameやMonsieurのままで、結びもBien à vousの場合には、親しげに接しようとしないほうがよいでしょう。「ステップ1」にとどめます。

適切な呼びかけと結びの言葉を選ぶことは難しく、どちらが主導権をとるかにもよります。相手が仕事の関係上などであなたのことをよく知ろうとすれば、比較的早く「ステップ2」や「ステップ3」に移行することは珍しくありません。あなたがステップ2に進んだのに、相手が「ステップ1」のままであった場合には、あなたもステップ1に戻ったほうがよいでしょう。

返信をもらいやすい書き方／送信前にチェックすること

返事をもらいたい場合、返信が必要なことがわかる書き方をするのが大切です。また、聞きたいことがあるからといって、一度に複数のテーマについて書くのは避けたほうがいいでしょう。1通につき1つのテーマに決め、質問することは1つか2つにとどめたほうが、返信もしやすくなります。

適度に改行を入れることも、メール全体が読みやすくなることから有効でしょう。

また、送信前のちょっとしたチェックで心証をよくすることができます。

まず、一番大切なのが受取人の名前。綴りが正しいかや、呼び捨てにしていないかなどを確認します。

そして次に、内容が相手に伝わる内容になっているかを確かめましょう。問い合わせであれば、質問が誤解の余地のないものかを読み直します。

綴りや用法の似ている語などは、送信前に目を通すことで誤用を避けることができます（en effetとen faitなど）。また、綴りがうろ覚えの単語の場合、音の似ているRとL、OUとEUX、GとJの混同にも気を付けましょう。

3 ▶ 手紙の書き方

　スピードが重視されるメールの場合、文法や綴りの間違いには比較的寛容です。一方、手紙の場合は、これらの誤りはフランス語力が十分でないと見なされ、それによってあなたの能力が判断されることになるので要注意です。メールと手紙は、手段の違いだけではないのです。

　なお、略語や省略がメールでは多く見られますが、手紙では一般的ではありません。

　手紙には、差出人の氏名、住所、日付、件名などの書き方にも決まりがあります。右寄せ、左寄せなどのルールもあるので気を付けましょう。

▶▶便せんの書き方

```
Robert Loubière, (差出人氏名)           Paris, le 30/3/2011 (発信地、日付)
3, rue St Simon, (差出人住所)
75007, PARIS


Tel : 01 45 48 26 82
Mél : roloub@gmail.com （電話番号、メールアドレスなど）


Madame/Monsieur, (呼びかけ)

本文
```

▶▶封筒の宛先の書き方

　表面の右側に宛先を書きます。上から、氏名、住所、都市名、郵便番号の順です。国際郵便の場合は国名も忘れずに。切手は、右上に貼ります。

　なお、フランスでは、差出人名を書く場所は、封筒の裏面の上部です。これは、ほかのヨーロッパの国とも違う場合があるので覚えておくといいでしょう。

1　手紙・メールの書き方

【表面】

①フランスに送る場合

郵便番号は必要です。

```
Monsieur Gérard Siary, (受取人氏名)
Université Paul Valéry, (受取人住所)
Route de Mende,

            34199, MONTPELLIER Cedex 5
                   (郵便番号、都市名)
            France
```

②日本に送る場合

名字は大文字にするとわかりやすいです。郵便番号の「〒」は不要です。

```
Madame Mihoko YAMAMOTO, (受取人氏名)
2-2-2, Jingu-nishi, (住所)
Shibuya-ku,

      150-0001 Tokyo, (郵便番号、都市名)

            Japon （国名）
```

【裏面】

```
Robert Loubière
3 rue St Simon, 75007, PARIS
```

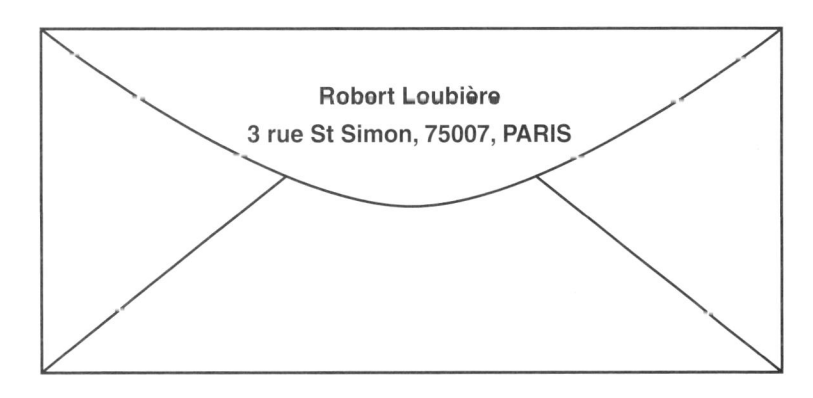

4 ▶ 使える表現集

ここでは、論理的な文章をつくるのに便利な表現をご紹介します。queを伴う表現には、直説法を伴うもの、条件法・接続法を伴うものがありますので、注意しましょう。

▶▶付加

À part (別に)	La fête aura lieu chez moi dans mon appartement et **à part** les desserts, j'ai tout ce qu'il faut. (自宅でパーティーをします。デザート**は除いて**、必要なものは用意します)
et même (そして)	J'ai pu parler avec plein de gens **et même** faire des connaissances. (多くの人と話せたし、そして知り合いもできた)
de plus (それに)	**De plus,** je pourrai prendre des congés à ce moment-là et nous pourrions voyager ensemble à travers la France. (それに、その頃ならお休みもとれるから、一緒にフランスを旅行できます)
en plus (そのうえ)	Je suis malheureusement trop pris ces derniers temps. **En plus,** je suis grippé. (最近すごく忙しい。そのうえ、風邪をひいた)
même pour (…にとっても)	C'était assez incroyable **même pour** nous les Alsaciens pourtant habitués à la neige. (雪に慣れている私達アルザスの人間にとっても信じられないことでした)
d'autre part (一方、そのうえ)	**D'autre part,** connaissez-vous des lieux d'hébergement qui ne soient pas trop loin de l'école ? (もう一点、学校からそう遠くない場所に宿泊施設があるかご存じですか？)
en outre (そのうえ、おまけに)	Je suis sûr que vous trouverez nombres de ces activités intéressantes. **En outre,** ci-joint un fichier qui résume ces activités. (多くの催しにご興味を持っていただけるものと確信しております。また、これらの催しの要約ファイルを添付致します)
non sans (もちろん)	Nous vous inviterons à participer en direct à notre émission **non sans** vous en avoir expliqué les modalités. (番組に生放送でご参加いただきます。もちろん、事前に方式をご説明いたします)
sans parler de (…は言うまでもなく)	Je déguste d'excellents vins **sans parler des** plats au restaurant. (レストランでは料理だけではなく素晴らしいワインを味わっています)
et (…と)	Je lis les méls le matin **et** le soir. (メールを朝に夜に読んでいます)

1　手紙・メールの書き方

par ailleurs （その一方で）	Sur mon ordinateur je regarde les méls. Et **par ailleurs,** je navigue sur la toile. （パソコンでメールを読みます。その一方で、ネットサーフィンします）
soit …soit … （…しようが…しようが）	**Soit** tu acceptes, **soit** tu refuses. （君が受理しようが、拒否しようが）
non seulement… mais… （…だけでなく…も）	Je possède **non seulement** un I Pad, **mais** aussi un I Phone. （iPadだけでなくiPhoneも持っています）

▶▶仮定

Il est possible que ＋接続法 （…の可能性がある）	**Il est possible que** le tome 2 de ce livre soit un jour vendu par un de nos clients. （第2巻は将来、当社のお客様のお一人が売ってくださる可能性があります）
sinon （そうでなければ）	**Sinon,** il faudra payer une petite somme. （そうでなければ交通費程度の費用がいくらかかかります）
si （もし）	**Si** tu achètes le dernier ordinateur Mac, je t'aiderai à l'installer. （もし最新のMacを買うんなら、インストールを手伝うよ）
sans （…なしでは）	**Sans** toi, je ne pourrais pas vivre. （君なしでは生きていけない）
sans quoi （さもないと）	J'espère que vous échangerez ce produit défectueux, **sans quoi** je ne commanderai plus jamais rien sur votre site. （不良品を取り換えてください。さもないと2度とおたくのサイトは使いません）

▶▶目的

afin que ＋接続法 （…するために）	Merci de me répondre rapidement **afin que** je puisse m'inscrire. （私が登録できますよう、急ぎ返信をお願い致します）
afin de （…するために）	Ne pourriez-vous vous associer à d'autres villes **afin de** continuer à proposer ce festival ? （この祭典を提案し続けるためにほかの町と組むことはできないのですか？）
qui vise à （…を目的とした）	Bravo pour cette pétition **qui vise à** préserver la culture. （文化を保存しようという署名活動にエールを送ります）
dont le but est de （…するために）	Merci de soutenir notre pétition **dont le but est de** conserver ce festival de poésie （詩の祭典を存続させようという私達の署名活動へのご賛同ありがとうございます）

pour (…のために)	Regarde mon mél **pour** te souvenir de ce que j'ai dit. (私が言ったことを思い出すよう私のメールを見てください)
pour que＋接続法 (…であるためには)	Il faut être équipé en informatique **pour que** nous puissions travailler sérieusement. (真剣に働くにはITのスキルが必要です)
chercher à (…しようと努める)	Je **cherche à** comprendre le fonctionnement de mon nouvel ordinateur. (新しいパソコンの機能を理解しようとしています)
viser à (…をめざす)	Je **vise à** réussir le baccalauréat. (バカロレアの合格を狙っています)
de façon à (…するように)	J'étudie **de façon à** réussir le concours. (試験に合格するよう勉強します)
mon intention (私は…するつもり)	**Mon intention** est de prendre quelques jours de vacances. (私は数日休暇をとるつもりです)
notre objectif (私たちは…するつもり)	**Notre objectif** est de créer une nouvelle société. (私たちは新しい会社を設立するつもりです)

▶▶理由

C'est la raison pour laquelle (そんなわけで…)	**C'est la raison pour laquelle** tes 2 courriels ne me sont pas parvenus. (そんなわけで君の2通のメールは届かなかったのです)
car (…ので)	Évidemment, je viendrai à cette fête, **car** je souhaite te revoir. (会いたいので、もちろんパーティーに伺います)
en effet (実は…)	Je rédige **en effet** mon mémoire de maîtrise sur ce sujet. (実は、この主題で修士論文を書くことになっているのです)
parce que (なぜなら)	Je t'écris ce courriel **parce que** j'ai une demande concrète à te faire. (具体的にお願いしたいことがあってメールしました)
causé par (…が原因で)	Il y a eu des inondations **causées par** des pluies torrentielles. (豪雨が原因で洪水が起きました)
d'autant plus que＋直説法 (…であるだけに)	**D'autant plus que** c'est un musicien que j'aime beaucoup. (私が大好きな作曲家であるだけに)
Ce d'autant plus que＋直説法 (…であるだけいっそう)	Je serai évidemment très heureuse de participer à ce colloque et **ce d'autant plus que** je ne suis jamais venue au Japon. (シンポジウムに参加することをとてもうれしく思っています。日本には一度も行ったことがないのでなおさらです)

puisque (…なのだから)	Il faut cependant savoir que les tarifs ne seront pas les mêmes **puisque** les prestations seront celles de professionnelles. (しかしながら働き方はプロのそれとなりますので、料金は同じではないことをご承知おきください)
suite à (…が原因の)	J'ai de la fièvre **suite à** une méchante grippe. (たちの悪いインフルエンザが原因の発熱が続いています)
pour des raisons que (…という理由で)	Il faudrait aussi que nous soyons peu visibles des autres clients **pour des raisons qu'il** vous est inutile de détailler. (ほかのお客さんからあまり見えないようにしていただきたいのです。なぜかは、申すまでもないと思いますが。)
grâce à (…のおかげで)	**Grâce à** facebook, j'ai plein de nouveaux amis. (Facebookのおかげで、たくさん友達ができました)
comme (…のように)	**Comme** dit dans le mél précédent, il a neigé énormément. (前のメールに書いたように、スゴい雪が降りました)
dans la mesure où (…の範囲内で)	Je viendrais **dans la mesure où** j'aurai du temps libre. (時間が許す限り伺います)
Étant donné (…から考えて)	**Étant donné** la neige, je ne prends pas ma voiture pour aller travailler. (雪の状況から考えて、車で通勤するのはやめます)
Étant donné que (…なので)	**Etant donné qu'il** neige, je ne prends pas ma voiture pour me rendre à mon travail. (雪が降っているので、車で通勤するのはやめます)
vu que＋直説法 (…なのだから)	**Vu qu'il** est fâché, il vaut mieux le laisser tranquille. (彼は怒っているから、そっとしておいたほうがいい)
ジェロンディフ (…で)	**En étant** fatigué, il est difficile de se concentrer. (疲れていて、集中するのが難しい)
C'est la raison (それが理由です)	**C'est** aussi **la raison** de mon message. (それがメールした理由でもあります)

▶▶結果

C'est pourquoi (そういうわけで)	Je suis très occupé, **c'est pourquoi** je crois que cette fois ci il vaudrait mieux demander à quelqu'un d'autre. (今忙しいので、今回は誰かほかの人に頼んだほうがいいと思います)
ainsi (したがって)	Tu as eu une promotion au poste de directrice. **Ainsi,** tu seras à la tête de toute une équipe. (君は部長に昇進を果たした。したがってチームを率いることになる)
aussi (それで)	J'attends de tes nouvelles, **aussi** envoie-moi un mél. (近況を知りたいのでメールちょうだい)

par conséquent (したがって)	Je suis surchargé de travail, **par conséquent** je ne viendrai pas à ta soirée. (仕事が忙しいので、君のパーティーには行けない)
donc (それゆえ)	J'ai trop de fièvre **donc** je reste chez moi. (熱があるので、家にいます)
et (そうすれば)	Tu étudies **et** tu réussis. (勉強すれば、成功する)
si bien que ＋直説法 (その結果)	Il neige beaucoup **si bien que** la circulation est impossible. (雪がすごく降ったので、交通は麻痺した)
de telle sorte que ＋直説法 (したがって)	Les pluies continuent sans cesse **de telle sorte que** les rivières sont en crue. (雨がやまないので、川が増水している)
comme ça (そうすれば)	Travaille, **comme ça** tu réussiras. (勉強しなさい、そうすれば合格するでしょう)

▶▶対比

mais (だが)	Excuse-moi de ne pas t'avoir prévenue, **mais** c'est maintenant chose faite. (前もって知らせなくてごめん、でもこれで解決ね)
même si (たとえ…でも)	C'est le printemps **même s'il** fait encore très frais le soir. (たとえまだ夜はとても寒くても、春だ)
cependant (しかしながら)	Il y a un moyen de retrouver votre code. **Cependant,** nous vous proposons plus simplement de trouver un nouveau code client. (会員番号を再確認する方法はあります。しかしながら、より簡単な方法として、新しい会員番号を取得されることをご提案いたします)
néanmoins (しかしながら)	Je suis d'accord avec votre pétition, **néanmoins** je souhaiterais avoir des précisions. (署名活動に賛同いたしますが、いくつか詳細お尋ねしたいと思います)
malgré (…にもかかわらず)	Nous essayons de sauver le festival **malgré** la région qui a décidé de ne plus offrir de subventions. (私たちは、当局が助成金の打ち切りを決定したにもかかわらず、フェスティバルの存続を訴えています)
seulement (ただし)	Je viendrai bien, **seulement** je ne me sens pas bien. (行きますよ、でもちょっと調子が悪い)
par contre (その代わり)	Il ne pleut plus **par contre** avec cette température il risque de neiger la nuit. (雨は降らなそうですが、この気温だと雪になる可能性があります)
or (ところが)	Je ne sais pas bien manipuler l'ordinateur, **or** j'en ai besoin. (パソコンはうまく使えないのですが、必要なんです)

1 手紙・メールの書き方

toutefois (それでも)	Je n'ai pas beaucoup étudié, **toutefois** je suis optimiste pour les examens. (ちゃんと勉強しなかったが、試験については楽観している)
pourtant (それでも)	C'est le printemps **pourtant** le froid persiste. (春とはいえ、寒さが続いている)
quand même (それでも)	**Quand même** je serais riche, je ne suivrais pas la mode. (裕福であっても、流行には従わないだろう)
sinon (そうしなければ)	Achète l'ordinateur **sinon** tu vas le regretter. (そのパソコンを買いな、そうしないと後悔するよ)

▶▶時

dès que ＋直説法 (…してからすぐ)	Je te verrai **dès que** j'ai un créneau. (空き時間ができたらすぐ会いに行きます)
en attendant (それまでの間、さしあたり)	**En attendant,** fais attention à toi. (それまで、体に気を付けて)
Ça fait longtemps que (…してずいぶんになる)	**Ça fait longtemps que** nous n'avons pas de nouvelles. (連絡とらなくなってずいぶんになりますね)
Il me tarde de (…が待ちきれない)	**Il me tarde aussi de** vous revoir. (あなたに会うのが待ち遠しいです)
avant de (…する前に)	Je voudrais enterrer ma vie de garçon **avant de** me marier dans quelques jours. (数日後の結婚を前にして、独身生活にけりをつけたいと思います)
une fois (一度…すれば)	**Une fois** marié, je ne pourrai plus passer de nuits blanches avec mes amis. (一度結婚してしまったら、みんなと夜更かしすることはできなくなるでしょう)
À mon tour de (今度は私の番で)	**A mon tour de** te souhaiter mes meilleurs voeux de santé et de bonheur. (今度は私から新年のごあいさつ。新しい年の健康と幸福をお祈りします)
pendant (…の間)	Où serais-je hébergé **pendant** la durée du colloque ? (シンポジウム期間中の宿泊先はどこですか？)
le temps de (…する時間)	Aurai-je **le temps de** visiter un peu Tokyo ? (東京を少し観光する時間はありますか？)
la période du... au... (…から…までの期間)	Le colloque aura lieu durant **la période du 15 au 20 septembre** inclus. (シンポジウムは9月15日から20日まで開催されます)
avoir hâte de (早く…したい)	J'ai **hâte de** vous revoir. (早くあなたに会いたいです)
depuis (…以来)	Je suis accroc de l'informatique **depuis** de nombreuses années. (何年も前から、私は情報科学に苦手意識がある)

en (…に)	Ce n'est pas **en** quelques jours qu'on peut apprendre à utiliser de manière performante son ordinateur. (数日でパソコンを使いこなせるようになるわけではない)
Il y a… (…前に)	**Il y a** encore 15 ans on ne parlait guère d'internet. (15年前には、まだインターネットはほとんど話題になっていなかった)
déjà (もう)	J'ai acheté l'imprimante et je possède **déjà** l'ordinateur. (プリンターを買いました。パソコンはすでに持っています)

▶▶その他の表現

Je viens de (…したところ)	**Je viens de** changer d'adresse électronique. (メールアドレスを変更したところです)
acter (**登録する**)	J'ai bien **acté** ton changement d'adresse mél. (あなたの新しいメールアドレスを**登録しました**)
dommage que (…は残念だ)	**Dommage que** tu habiteras maintenant un peu loin de chez moi. (君の住まいが少し遠くなるのは**残念だ**)
comme (なんと)	**Comme** le temps passe vite ! (時のたつのがなんと早いことか！)
C'est que (…というわけだ)	L'embêtant **c'est que** ce soir-là je ne serai pas libre. (でも困ったことに、その晩は都合が悪いんです)
en tout cas (いずれにせよ)	**En tout cas**, la soirée était fantastique. (いずれにせよ、パーティーは素晴らしかったね)
J'envisage de (…するつもりである)	**J'envisage de** venir à Mulhouse. (私はミュールーズに行くつもりです)
être en train de (…しているところだ)	**Je suis en train d'**analyser la nouvelle proposition de travail. (新しい仕事のオファーを受けるか検討中です)
en somme (要するに)	La soirée n'était pas très intéressante. **En somme,** tu n'as rien raté. (パーティーはそんなに楽しくもなかった。**要するに**、君が残念がることは何もない)
de toute façon (いずれにせよ)	**De toute façon**, on refera une soirée bientôt. (いずれにせよ、またパーティーをしましょう)
il vous suffira de (…すれば十分である)	Pour lire mes articles, **il vous suffira d'**aller sur mon blog. (私の記事を読むのに、ブログにアクセスしてくれれば**十分です**)
Je vous conseille (おすすめです)	**Je vous conseille** l'exposition au musée Pompidou. (ポンピドゥーセンターの展覧会はお勧めです)
J'ai l'impression que (…のような気がする)	**J'ai l'impression qu'il** ne m'écoute pas. (私の言うことを聞いていない感じがします)
Il vaut mieux (…したほうがよい)	**Il vaut mieux** le laisser tranquille pour l'instant. (しばらく彼をそっとしておくほうがいいと思います)

1　手紙・メールの書き方

ci-joint (添付の)	**Ci-joint** les photos de Gaëlla. (ガエラの写真を添付します)
J'espère que (…であればいいと思う)	**J'espère que** nous aurons l'occasion de nous voir enfin. (お目にかかる機会があるといいですね)
en parlant de (…といえば)	**En parlant d'**études, je dois contacter M. Delfond responsable des échanges internationaux. (勉強といえば、国際関係の主任であるデルフォン氏とコンタクトをとらなければなりません)
d'après (…によれば)	**D'après** la télévision japonaise, il y a eu de gros dégâts matériels, mais pas de victimes. (日本のテレビによれば、大きな被害はあったものの、幸い犠牲者はなかった、とのことです)
Évidemment (もちろん)	Il n'y a **évidemment** aucun problème. (もちろん、何の問題もありません)
Il est préférable de (…するほうがよい)	**Il est donc préférable d'**annuler cette réunion. (したがって、会議を中止したほうがいいです)
dans le cadre de (…の一環として)	**Dans le cadre du** colloque sur Sartre, nous souhaitons vous inviter à faire une conférence. (サルトルに関するシンポジウムの一環として、先生に講演をお願いしたいと思います)
en charge de (…担当)	Yasuko Taguchi **en charge du** colloque. (シンポジウム担当　タグチ・ヤスコ)
de là (そこから)	**De là,** on vous conduira tout de suite à votre hôtel. (そこからすぐにホテルまでご案内いたします)
se proposer de (…するつもりである)	les membres du Comité **se proposent de** dîner avec vous. (組織委員会の全メンバーが先生とお食事を共にするつもりです)
moins de… et davantage de… (より少なく…もっと…)	Je souhaiterais suivre **moins de** cours de langue et **davantage d'**histoire. (私としては語学の時間を少なく、歴史の時間を多く受講したいのです)
en ce qui concerne (…に関しては)	**En ce qui concerne** l'hébergement, pourrais-je loger près de l'université ? (宿泊に関してですが、大学の近くに宿をとることはできますか？)
pour ce qui est de… (…については)	**Pour ce qui** est des cours, vous pouvez choisir ce que vous voulez sur le programme. (講座については、プログラム上の講座をお選びいただけます)
par (…で)	Je vous enverrai 150 euros **par** mandat postal bancaire. (郵便為替で150ユーロお送りします)
naturellement (もちろん)	Nous organisons des sorties culturelles **naturellement** facultatives. (文化プログラムを開催します。もちろん、希望者が対象ですが)
bien entendu (もちろん)	**Bien entendu,** il faudra payer un surplus. (もちろん、追加料金がかかります)

se passer de (…なしですます)	La baby-sitter devra **se passer de** tabac. (ベビーシッターはたばこを吸うべきではない)
Il va sans dire que (言うまでもなく)	**Il va sans dire que** nous comprenons votre souci de discrétion. (申し上げるまでもなく、目立たないようにというご心配は十分理解しております)
de… en passant par… (…から…まで)	De la garde des animaux domestiques, **en passant par** des cours de cuisine, vous trouverez tout sur le site onsokupdetout. (ペットの世話から料理講習まで、onsokupdetoutサイト上ですべて見つけることができます)
a moins que + 接続法 (…しない限りは)	**À moins que** je ne rentre plus au Japon. (日本に帰らないなんてことがない限りは)
bref (ひと言で言えば)	**Bref,** c'est l'art de vivre à la française. (ひと言で言えば、フランス流の生きる術というわけ)
se mettre à (…し始める)	**Je me suis mis à** la pétanque. (ペタンクをやってみました)
notamment (とりわけ)	Nous souhaitions vous faire part de notre plus vive inquiétude concernant les pères français **notamment**. (我々が心配している事柄についてお知らせしたく思います。とりわけフランス人の父親に関することです)
tout d'abord… puis en second lieu… enfin… (まず第一に、そして第二に、最後に…)	**Tout d'abord** le thème des vieilles personnes qui vivent seules. **Puis en second lieu,** le problème des femmes qui élèvent un enfant seul. **Enfin,** l'indifférence des gens vis-à-vis des SDF qui est la preuve de notre égoïsme. (まず、独り暮らしのお年寄りです。そして次に、シングルマザーの問題。最後に、私たちのエゴイズムの証しであるホームレスに対する人々の無関心です)

コラム1

フランス語特有の文字（é, è, ê, ç, ï）の入力方法

　メールの場合、アクサンやセディーユを使わずに書くこともできます。しかし、せっかく覚えたフランス語、フランス語らしい綴りで書いてみたいものです。ここでは、簡単なフランス語の入力方法をご紹介します。

　まず、入力言語を追加設定する方法があります。
　Mac OSXでは「言語環境」から、Windows 7では「キーボードと言語」から設定できます。入力言語を「フランス語」にすると、アルファベットの配列も変わりますので、英語のキーボードに慣れている人なら、「Canadian French」または「フランス語（カナダ）」のほうが使いやすいかもしれません。
　Mac OSX、Windows 7ともに、
「é」は「/」
「à」は「]」
「è」は「:」
「ç」は「[」
「＾（アクサンシルコンフレックス）」の付いた文字は「@」＋母音
「¨（トレマ）」の付いた文字は「Shift」＋「@」＋母音
にそれぞれキーボードが割り当てられています。
　その他の文字は、それぞれ以下の要領で入力できます。

	Mac OSX	Windows 7
「œ」	「option」＋「q」	「右Ctrl」＋「e」
「ù」	「option」＋「@」＋u	「右Alt」＋「@」＋u

＊Windowsで「右Alt」キーがない場合は、「左Alt」＋「Ctrl」で代用できます。

コラム1

　また、新たな設定をせずに、ショートカットキーを使ってフランス語特有の文字を入力する方法もあります。
　ただし、プログラムによって機能しない場合があります。

文字	Mac OSX	Windows 7
アクサンテギュ付きの文字（é）	option + e を打った後に母音字	Ctrl + Shift + 7 を打った後に母音字
アクサングラーヴ付きの文字（è）	option + _ を打った後に母音字	Ctrl + Shift + @ を打った後に母音字
アクサンシルコンフレクス付きの文字（â）	option + i を打った後に母音字	Ctrl + ^ を打った後に母音字
トレマ付きの文字（ï）	option + u を打った後に母音字	Ctrl + : を打った後に母音字
セディーユ（ç）	option + c	Ctrl + , を打った後に c
合字（œ）	option + q	Ctrl + Shift + 6 を打った後に o

　フランス語特有の文字を使った場合、メールを送信する前に、文字化け防止のため、文字コードをユニコード（UTF-8）にしておきましょう。そうすれば、通常の仮名、漢字、フランス語特有の文字は問題なく変換できるでしょう。設定は、メールソフトによって異なりますので、説明書やヘルプ機能を参照してください。

第2章

プライベートのメール

01 「メールアドレスが変わりました」
アドレスの変更を知らせる

メールアドレスの変更を知らせます。

Objet : Nouvelle adresse électronique

Salut,

Je viens de ⓐ changer d'adresse électronique❶ et je voulais tout de suite t'en informer. ⓑ **C'est la raison pour laquelle❷ tes deux derniers courriels ne me sont pas parvenus❸** et te sont revenus.

Excuse-moi de ne pas t'avoir prévenue tout de suite, mais c'est maintenant chose faite.

J'attends rapidement de tes nouvelles ⓒ, **et n'oublie pas de changer mon adresse dans ton ordinateur !❹**

Grosses bises,

Angélique

件名：新アドレス

こんにちは。
メールアドレスを変えた❶ⓐので、すぐに知らせようと思っていたⓑんだけど…。
それで、❷あなたからの最近のメール2通が届かず、❸戻ってしまったの。
すぐに知らせないでごめんなさい、でもこれで解決ね。
あなたからの返信ⓒを待ってるわ、それから私のメールアドレスの変更を忘れないでね。❹
それじゃね。
アンジェリーク

2 プライベートのメール

variations ≫ バリエーション

❶「…したところです」
Je viens de changer d'adresse électronique.

J'ai tout juste changé de mél.
メールを変更したところです。

Il y a quelques jours j'ai créé une nouvelle adresse mél.
数日前に新しいメールアドレスをつくりました。

❷「そんなわけで…」
C'est la raison pour laquelle…

C'est pourquoi…
そんなわけで…

C'est à cause de ça que…
というわけで…

❸「メールが届きません」
Tes deux derniers courriels ne me sont pas parvenus.

Je n'ai pas reçu tes deux derniers méls.
あなたからの最近のメール2通を私は受け取っていません。

Tes deux derniers méls ne sont pas arrivés.
あなたからの最近のメール2通は受信されませんでした。

❹「忘れずに…してください」
N'oublie pas de changer mon adresse dans ton ordinateur.

N'oublie pas de remplacer l'ancienne adresse par la nouvelle.
前のアドレスを今度のものに変えるのを忘れないでください。

Ne te trompe pas d'adresse et mets à la poubelle l'ancienne.
アドレスを間違えないように、古い方は破棄してください。

---

point ▶▶▶ ポイント

ⓐ 近接過去
　venirの直説法現在形＋de＋不定詞で、「…したところ、…したばかり」の意。

ⓑ Je voulais tout de suite t'en informer.
　informer qn de qc で、「qnにqcを知らせる」の意。
　代名詞enはde qcを受ける。

ⓒ de tes nouvelles
　「あなたの消息」の意。deが必要。

02 「新しいメールアドレスを登録しました」
アドレスの登録完了を知らせる

✉ 01 に返信して新しいアドレスを登録したことを伝えます。

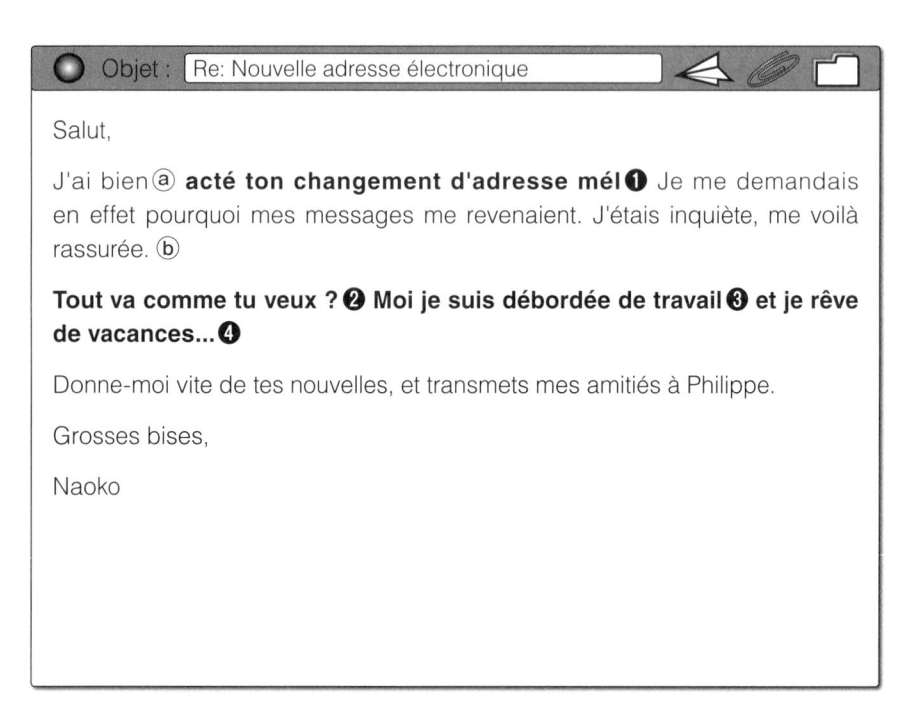

Objet : Re: Nouvelle adresse électronique

Salut,

J'ai bien ⓐ **acté ton changement d'adresse mél** ❶ Je me demandais en effet pourquoi mes messages me revenaient. J'étais inquiète, me voilà rassurée. ⓑ

Tout va comme tu veux ? ❷ Moi je suis débordée de travail ❸ et je rêve de vacances... ❹

Donne-moi vite de tes nouvelles, et transmets mes amitiés à Philippe.

Grosses bises,

Naoko

件名：Re: 新しいメールアドレス

こんにちは。
あなたの新しいメールアドレスを登録しました。❶ⓐ 本当のところ、なんで私の送ったメールが戻ってきてしまったのか、不思議に思っていたの。それで心配していたんだけど、これで安心しました。ⓑ
あなたのほうはすべて順調？❷　私のほうは仕事に追われていて、❸ 休暇が待ち遠しい❹といったところかしら…。
すぐに近況を知らせてね、それからフィリップによろしく。
それじゃね。
ナオコ

variations » バリエーション

❶「アドレスを登録しました」
J'ai acté ton changement d'adresse.

J'ai enregistré ta nouvelle adresse.
あなたの新しいアドレスを登録しました。

J'ai bien compris que tu avais une nouvelle adresse.
あなたが新しいアドレスをもったこと、承知しました。

❷「うまくいっていますか？」
Tout va comme tu veux ?

Tout se passe bien pour toi ?
あなたのほうはすべてうまくいっていますか？

Tout va pour le mieux pour toi ?
あなたのほうは万事がこのうえなくうまくいっていますか？

❸「忙しいです」
Je suis débordée de travail.

J'ai trop de travail.
仕事が多すぎます。

Je ne sais plus où donner de la tête dans mon travail.
仕事で目が回るほど忙しい。

❹「休暇をとりたい」
Je rêve de vacances.

Je pense à prendre des vacances.
休暇をとろうと思っている。

Il me faut absolument des vacances.
私には絶対に休みが必要です。

---

point ▶▶▶ ポイント

ⓐ J'ai bien acté...
bienは「たしかに」の意の副詞。

ⓑ Me voilà rassuré.
「直接目的語人称代名詞＋voilà＋属詞」で、様態・場所を表現する。
La voilà partie.
（彼女は出発してしまった）
Nous voilà à la gare.
（さあ駅に着いた）

03 「私のほうは順調です」近況を報告する

友達に仕事や学業の近況を報告します。

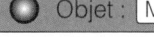

Objet : Ma situation personnelle

Chère Naoko,

Tout va très bien chez moi. ❶ J'ai trouvé un nouveau petit ami, ⓐ Julien, très sympa et **pas mal du tout physiquement.** ❷ Je te le présenterai. ⓑ

Fais quand même attention à ne pas trop travailler sinon tu tomberas malade ! ❸

Moi, **comme tu sais, je travaille à mi-temps** ❹ et le reste du temps je poursuis mes études.

On se voit rapidement ?

Grosses bises, et transmets toutes mes amitiés à Toru,

Angélique

件名：近況報告

ナオコへ
私のほうはすべて順調です。 ❶　新しいカレができました。ⓐ　名前はジュリアン。とっても感じがよくて、**見た目もけっこうイケてるわ。** ❷　近いうちに紹介するわね。ⓑ
働きすぎは禁物。でないと病気になっちゃうわよ。 ❸
知ってのとおり、私はアルバイト。 ❹　それ以外は学業に専念。
ちょっと会えないかしら？
それじゃ、トオルによろしく。
アンジェリーク

variations » バリエーション

❶「うまくいっています」
Tout va très bien chez moi.

Tout va pour le mieux chez moi.
私のほうはすべてが最高にうまくいっている。

Tout se passe bien pour moi.
私に関してはすべてがうまくいっている。

❷「彼、イケてる」
Pas mal du tout physiquement.

Assez mignon.
かなりイケてる。

Avec un physique plutôt avantageux.
容姿はどちらかといえばカッコイイ。

❸「働きすぎないで」
Fais quand même attention à ne pas trop travailler sinon tu tomberas finalement malade !

Ne travaille pas trop car tu finiras par tomber malade.
働きすぎないでね、病気になっちゃうから。

Si tu travailles trop, tu tomberas malade.
働きすぎると病気になっちゃうわよ。

❹「ご存じのとおり…」
Comme tu sais, je travaille à mi-temps.

Je t'ai déjà expliqué que je travaillais seulement la moitié du temps normal.
前に言ったとおり、私はパートで働いています。

Comme dit précédemment, je ne travaille pas à temps complet.
一度言ったように、私はフルタイムでは働いていません。

---

point ▶▶▶ ポイント

ⓐ un nouveau petit ami
　nouveauは、付加形容詞として用いるとき、名詞の前に付くか後に付くかで意味が変わる。
　une nouvelle voiture　　今度の車
　une voiture nouvelle　　新型車
　＊「新車」はune voiture neuve
ⓑ présenter A à B「AをBに紹介する」
　Jean présente sa femme à ses amis.（ジャンは友達に妻を紹介する）

04 「メールありがとう」久しぶりの連絡

✉ 03 に返信します。

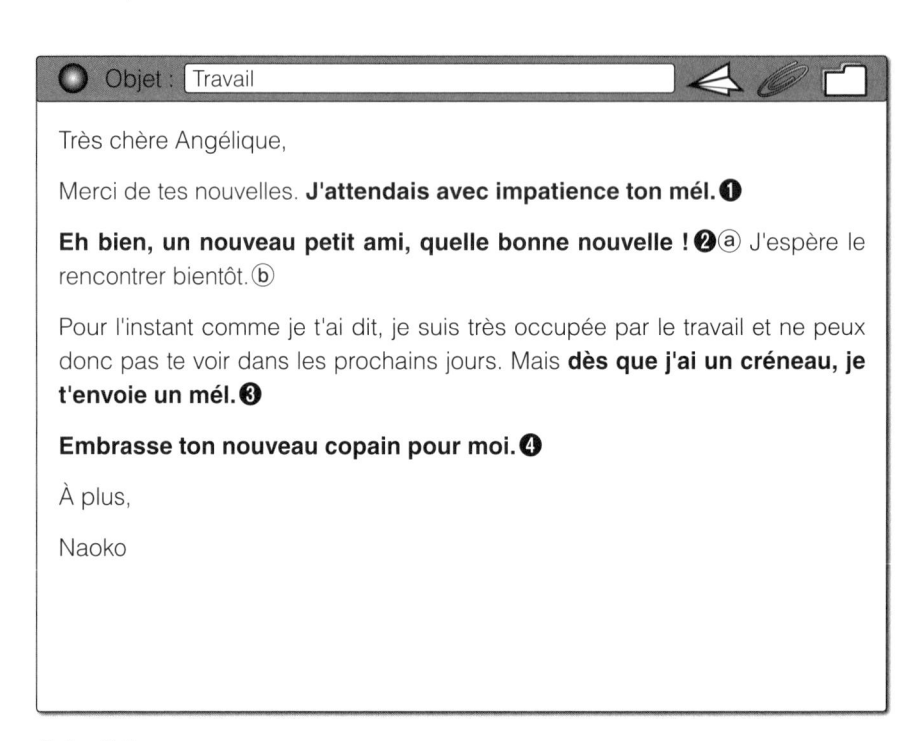

Objet : Travail

Très chère Angélique,

Merci de tes nouvelles. **J'attendais avec impatience ton mél.** ❶

Eh bien, un nouveau petit ami, quelle bonne nouvelle ! ❷ⓐ J'espère le rencontrer bientôt. ⓑ

Pour l'instant comme je t'ai dit, je suis très occupée par le travail et ne peux donc pas te voir dans les prochains jours. Mais **dès que j'ai un créneau, je t'envoie un mél.** ❸

Embrasse ton nouveau copain pour moi. ❹

À plus,

Naoko

件名：仕事

アンジェリークへ
近況報告ありがとう。あなたからのメール、首を長くして待ってたの。❶
まあ、新しいカレとは、なんといういい知らせ！❷ⓐ　近いうちに会えるといいな。ⓑ
前に伝えたとおり、ここのところ仕事漬けで、当分は会えそうにないの。でも**空き時間ができたら、すぐにメールするわね。**❸
新しいカレによろしく。❹
また今度。
ナオコ

variations » バリエーション

❶「メールありがとう」
J'attendais avec impatience ton mél.

J'attendais depuis longtemps ton mél.
長いこと、あなたからのメールを待っていました。

J'étais impatient de lire ton mél.
あなたからのメールを読みたくてたまらなかったの。

❷「よかったね」
Eh bien, un nouveau petit ami, quelle bonne nouvelle !

Tu as un nouveau copain, c'est génial !
新しいカレができたの、すごい！

Ah bon, un nouveau compagnon, c'est magnifique !
そう、新しいカレ、それは素晴らしい！

❸「…次第連絡します」
Dès que j'ai un créneau, je t'envoie un mél.

Dès que je suis libre, je te préviens par mél.
暇ができたら、メールで知らせるわ。

Dès que j'ai un moment, je te le fais savoir par mél.
ちょっと時間ができたら、メールで知らせるわ。

❹「…によろしく」
Embrasse ton nouveau copain pour moi.

Fais-lui la bise de ma part.
カレによろしく伝えてください。

Je l'embrasse aussi.
カレにも心を込めて。

---

point ▶▶▶ ポイント

ⓐ 感嘆文
疑問形容詞 quel は感嘆表現にも使われる。
Quel beau temps !（何といい天気！）
Quelle chaleur !（何て暑さ！）

ⓑ rencontrer qn で「～に会う」だが、直接目的補語をとる。
J'ai rencontré Naoko sur mon chemin.
（私は途中でナオコに会った）

05 「飲みに行きましょう」誘う

✉ 04 に返信して、近々飲みに行こうと提案します。

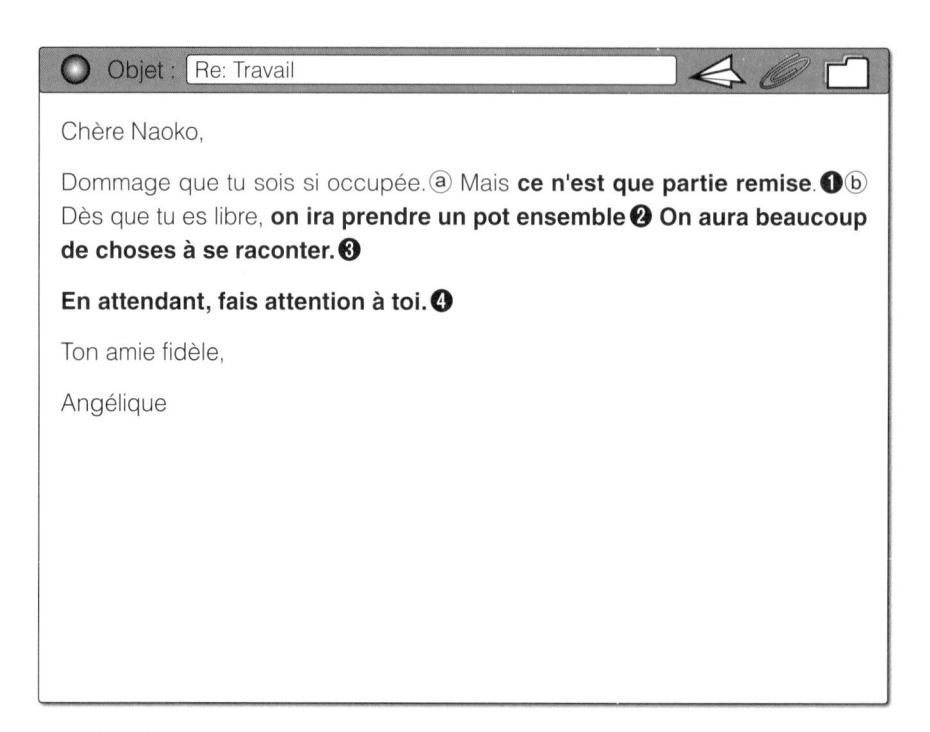

Objet : Re: Travail

Chère Naoko,

Dommage que tu sois si occupée. ⓐ Mais **ce n'est que partie remise.** ❶ ⓑ Dès que tu es libre, **on ira prendre un pot ensemble** ❷ **On aura beaucoup de choses à se raconter.** ❸

En attendant, fais attention à toi. ❹

Ton amie fidèle,

Angélique

件名：Re: 仕事

ナオコへ

忙しすぎて会えないなんて残念。ⓐ　また近いうちにということで。❶ ⓑ　暇ができたら、一緒に飲みに行きましょう。❷　話すことがたくさんあるでしょう。❸

それまで、身体に気を付けて。❹

あなたの誠実な友、

アンジェリークより

variations » バリエーション

❶「またの機会に」
Ce n'est que partie remise.

Ce sera pour une autre fois.
また別の機会に。

On se verra bientôt.
近いうちに会いましょう。

❷「…しましょう」
On ira prendre un pot ensemble.

On prendra un verre ensemble.
一緒に一杯やりましょう。

On ira au café tous les deux.
二人でカフェに行きましょう。

❸「いろいろ話しましょう」
On aura beaucoup de choses à se raconter.

On discutera d'un tas de choses.
いろんなことについて話しましょう。

On va pouvoir se raconter les dernières nouvelles.
お互いに近況報告しましょう。

❹「ご自愛ください」
En attendant, fais attention à toi.

En attendant, prends garde à toi.
それまで、健康に注意して。

Pour l'instant, prends soin de toi.
今のところ、身体を大事に。

---

point ▶▶▶ ポイント

ⓐ Dommage que＋接続法「…は残念だ」
  Dommage qu'il ne vienne pas.
  (彼が来ないのは残念だ)
  Dommage que Cathie ne soit pas là !
  (カティがここにいないなんて残念だ！)
ⓑ remettre「延期する」
  La finale a été remise au lendemain.
  (決勝は翌日に延期された)

06 「引っ越しました」パーティーに招待する

新居祝いのパーティーに招待するメールを出します。

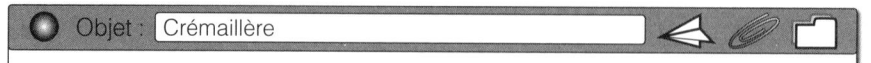

Objet : Crémaillère

Chers tous,

Comme beaucoup d'entre vous le savent déjà,❶ avec Lionel **nous allons emménager dans un nouvel appartement.❷**

Aussi, **je voudrais pendre la crémaillère❸ⓐ** en vous invitant tous dans notre nouveau chez nous. **La fête aura lieu samedi 24 septembre❹** à partir de 18 heures.

Ceux qui le veulent peuvent apporter des boissons ⓑ, pour le reste tout est prévu.

Répondez-moi rapidement si vous serez présent ou pas. Vous pouvez naturellement être accompagné. ⓒ

Nous nous réjouissons de vous voir tous.

Au samedi 24,

Tomoko et Lionel

件名：引っ越し祝い

皆様
多くの方がご承知のとおり、❶リオネルと私は近々引っ越すことになりました。❷
つきましては**引っ越し祝いのパーティーを開きます❸ⓐ**ので、新居においでください。パーティーは**9月24日（土）18時から行います。❹**
飲み物を何かご持参いただければ幸いです。ⓑ　飲み物以外はすべてこちらで用意いたします。
出欠をなるべく早くお知らせください。もちろん、友人同伴でも構いません。ⓒ
皆様にお目にかかれるのを楽しみに。
それでは24日（土）に。
トモコとリオネル

variations　»　バリエーション

❶「ご存じのとおり…」
Comme beaucoup d'entre vous le savent déjà…

Ainsi que nous l'avions déjà dit à beaucoup de personnes.
多くの方にお知らせしたとおりです。

Vous êtes la plupart déjà au courant.
みなさんのうちの大半はもうご存じです。

❷「…することになりました」
Nous allons emménager dans notre nouvel appartement.

Nous allons vivre dans un nouvel appartement.
私たちは違うマンションで暮らすことになっています。

Nous allons déménager pour habiter dans un autre appartement.
私たちは引っ越して、別のマンションに住むことになっています。

❸「…を開催したいと思います」
Je voudrais pendre la crémaillère.

J'aimerais organiser une fête en l'honneur de notre emménagement.
転居を祝って、パーティーを開きたいと思います。

Je souhaiterais organiser une soirée dans notre nouvel appartement.
転居先で夜の集いを催したいと思います。

❹「日程は○月○日です」
La fête aura lieu samedi 24 septembre.

La fête se déroulera le samedi 24 septembre.
パーティーは9月24日（土）に開催されるでしょう。

La date de la fête sera le samedi 24 septembre.
パーティー開催の日程は9月24日（土）です。

---

point ▶▶▶ ポイント

ⓐ pendre la crémaillère
crémaillère（炉に鍋をかけるための自在鉤）を pendre（つるす）することから、「客に食事を供して入居祝いをする」意となった。

ⓑ は、Ce serait bien si vous apportiez des boissons et/ou des desserts.（飲み物やデザート類をお持ちいただければうれしいです）や Vous êtes libres d'apporter les boissons que vous voulez.（ご自由にお好きな飲み物をお持ちください）とも言うことができる。

ⓒ は、Vous pouvez venir avec une autre personne, il n'y a pas de problème や Vous pouvez évidemment venir à deux. とも。

07 「出席します」招待を受ける

✉ 06 に対して、招待を受ける場合の返信です。

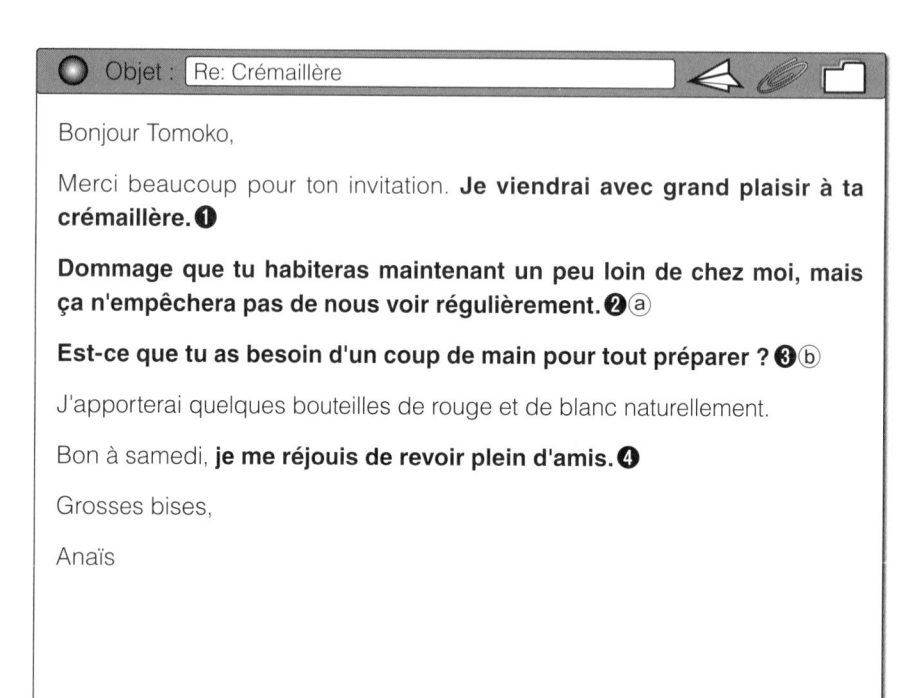

Objet : Re: Crémaillère

Bonjour Tomoko,

Merci beaucoup pour ton invitation. **Je viendrai avec grand plaisir à ta crémaillère.** ❶

Dommage que tu habiteras maintenant un peu loin de chez moi, mais ça n'empêchera pas de nous voir régulièrement. ❷ⓐ

Est-ce que tu as besoin d'un coup de main pour tout préparer ? ❸ⓑ

J'apporterai quelques bouteilles de rouge et de blanc naturellement.

Bon à samedi, **je me réjouis de revoir plein d'amis.** ❹

Grosses bises,

Anaïs

件名：Re: 引っ越し祝い

こんにちはトモコ。
ご招待ありがとう。喜んでパーティーに出席させてもらいます。❶
私の家から少し遠くなるのは残念だけど、今までどおり会いましょうね。❷ⓐ
パーティーの準備に手伝いは必要ない？❸ⓑ
もちろん、赤ワインと白ワインを何本か持っていくつもりよ。
それじゃ土曜日に。みんなに会うのを楽しみにしているわ。❹
アナイス

variations 》 バリエーション

❶「出席します」
Je viendrai avec grand plaisir à ta crémaillère.

Je suis partante.
私は乗り気です。

C'est une super idée et je serai présente.
それはとてもいい考えね、私は出席よ。

❷「…は残念。でも…」
Dommage que tu habiteras maintenant un peu loin de chez moi, mais…

C'est un peu ennuyeux, car ton nouvel appartement est assez loin, mais…
それはちょっと困ったわ、今度のマンションはかなり遠いもの、でも…

Même si tu habites assez loin de chez moi, on se rencontrera quand même comme avant.
たとえかなり遠くに住むことになっても、以前と同じように会いましょう。

❸「…しましょうか」
Est-ce que tu as besoin d'un coup de main pour tout préparer ?

Tu veux que je vienne t'aider pour organiser la soirée ?
夜の集いを開くにあたって、私に手伝ってほしい？

Souhaites-tu que je te prête la main pour la préparation ?
準備に手を貸したほうがいい？

❹「会うのが楽しみ」
Je me réjouis de revoir plein d'amis.

C'est génial de retrouver tous nos amis.
みんなに会えるなんてすてき。

Je suis très contente de retrouver nos amis communs.
共通の友人に再会できるのは、とてもうれしいです。

---

point ▶▶▶ ポイント

ⓐ empêcher qn/qc de ＋不定詞で、「人／物が…するのを妨げる」
　Tu empêches les autres de travailler.
　（君はほかの人が仕事をするのを邪魔している）

ⓑ tout（不定代名詞）の位置
　不定詞の直接目的補語として使われるときは不定詞の前に置かれる。
　Elle peut tout faire.
　（彼女は何でもできる）

08 「お久しぶり」近況を聞く

友人からの久々のメールに返信します。

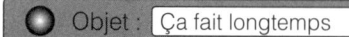

Objet : Ça fait longtemps

Salut Julien,

Ça fait longtemps que nous n'avons pas de nouvelles. **Nous sommes très heureux de ton courriel.** ❶ Comment ça va à Paris dans ton travail ?

J'ai changé de société ❷ et habite maintenant à Sendai. La vie est plus tranquille qu'à Tokyo et avec Yuriko et Tako-chan nous habitons une petite maison. **Tako-chan a déjà de nouveaux amis à l'école primaire.** ❸

Quand reviens-tu au Japon ? ❹

À bientôt j'espère,

Hisao, Yuriko, Tako-chan

件名：お久しぶり

やあ、ジュリアン。
長いこと知らせをくれなかったね。**だから久々のメールはうれしいよ。**❶　パリでの仕事は順調？
僕は会社が変わって、❷今は仙台住まい。生活は東京よりのんびりしていて、ユリコとタコちゃんと一緒に小さな一戸建ての家に住んでいます。タコちゃんには、**小学校でもう友達ができています。**❸
日本には今度いつ来るの？❹
また近いうちに。
ヒサオ、ユリコ、タコちゃん

variations » バリエーション

❶「連絡ありがとう」
Nous sommes très heureux de ton courriel.

Nous sommes ravis d'avoir reçu de tes nouvelles.
あなたの近況報告に私たちは大喜びです。

Nous sommes si contents que tu aies repris contact avec nous.
あなたが私たちとまたコンタクトをとってくれて満足しています。

❷「転職しました」
J'ai changé de société.

Je travaille dans une nouvelle société.
新しい会社で働いています。

J'ai changé d'employeur.
雇い主が変わりました。

❸「新しい学校に慣れました」
Tako-chan a déjà de nouveaux amis à l'école primaire.

Tako-chan s'est bien intégré dans sa nouvelle école primaire.
タコちゃんは今度の小学校にすっかりなじんでいます。

Tako-chan n'a pas eu de problème d'intégration dans son école.
タコちゃんは問題なく今度の学校に解け込みました。

❹「いつ会える？」
Quand reviens-tu au Japon ?

Quand nous reverrons-nous au Japon ?
いつ日本で再会できますか？

Auras-tu des vacances qui te permettront de revenir nous voir au Japon ?
私たちに会いに日本に来ることができるような休暇はありますか？

---

point ▶▶▶ ポイント

- 「すっかり御無沙汰してしまいました」「久しぶり」の表現
  Ça fait longtemps que nous n'avons pas de nouvelles.
  Excusez-moi de ce long silence.
  Je suis resté longtemps sans vous donner de mes nouvelles.

09 「帰国します」パーティーに招待する

フランスを離れることになり、「さよならパーティー」に
知人を招待します。

Objet : Invitation à ma soirée d'adieu

Comme vous le savez tous sans doute, ❶ mon séjour en France tire à sa fin. ❷ Afin de finir dignement ❸ ces deux magnifiques années passées ici, je voudrais vous inviter à mon pot de départ.

La fête aura lieu chez moi dans mon appartement et à part les desserts, j'ai tout ce qu'il faut. Ceux qui le souhaitent peuvent donc apporter des desserts.

Je me réjouis d'avance de vous voir tous **pour clore en beauté** ❹ mes deux années à Paris.

À bientôt donc,

Izumi

Izumi Takahashi, 25 avenue d'Italie, métro Place d'Italie. Tél. 01 39 54 62 48

件名：さよならパーティーへのご招待

おそらくみなさんご承知のことと思いますが、❶私のフランス滞在が終わろうとしています。❷ここで過ごした素晴らしい2年間を、それにふさわしく締めくくるために、❸みなさんをちょっとした「さよならパーティー」にご招待したいと思います。
パーティーは私の住まいで行います。デザート以外は私がすべて用意します。ですからデザートを食べたい方は、デザートをお持ちください。
パリで過ごした2年間の**有終の美を飾る**ために、❹みなさんにお目にかかるのを今から楽しみにしています。
では、その時に。
イズミ
イズミ・タカハシ　イタリア通り25番地、地下鉄イタリア広場駅
電話：01 39 54 62 48

variations » バリエーション

❶「ご存じのとおり…」
Comme vous le savez tous sans doute...

Vous n'êtes pas sans ignorer...
…を知らない方はいないでしょう。

Je pense que vous êtes tous au courant.
みなさん知っていらっしゃると思います。

❷「フランスでの生活も終わりです」
Mon séjour en France tire à sa fin.

C'est la fin de mon séjour en France.
私のフランス滞在の終わりです。

Ce sont les derniers jours que je passe en France.
フランスで私が過ごす最後の日々です。

❸「締めくくるため」
Afin de finir dignement...

Afin de bien finir...
…をきちんと終えるために…

Afin de finir en beauté...
…を見事に終えるために…

❹「有終の美を飾るため」
Pour clore en beauté.

Pour très bien finir...
…をちゃんと終えるために…

Pour terminer cette étape de ma vie...
…を私のこのライフステージを締めくくるために…

---

point ▶▶▶ ポイント

- 「〜以外は」の表現：sauf, excepté

  Tout le monde était content, sauf lui.
  (彼以外はみな満足していた)

  Les consultations ont lieu tous les matins, excepté le mercredi.
  (診察は、水曜日以外は毎日午前中に行われる)

10 「出席します」招待を受ける

パーティーに出席することを伝えます。

Objet : Re: Invitation à ma soirée d'adieu

Chère Izumi,

Merci beaucoup pour ton invitation. Évidemment, je viendrai à cette fête, car je souhaite te revoir avant ton départ. **C'est un peu triste❶ et j'ai l'impression que ton arrivée en France remonte à quelques jours ⓐ à peine.❷ ⓑ Comme le temps passe vite !❸**

Je viendrai un peu tard, vers les 21 heures à cause du travail, mais je vais apporter un bon gâteau.

Bon, on se voit alors dans deux semaines chez toi❹ et j'espère que la soirée sera réussie.

À dans deux semaines,

Christian

件名：Re: さよならパーティーへのご招待

親愛なるイズミ
招待してくれてありがとう。出発前に会っておきたかったので、もちろんパーティーに伺います。**ちょっと悲しいですね。❶ あなたがフランスに来て、まだ数日しかたっていないような感じがしています。❷ⓐⓑ 光陰矢のごとし、ですね！❸**
仕事の関係で少し遅れます。到着は21時ごろの予定です。おいしいお菓子を持っていくので楽しみにしていてください。
それじゃあ、2週間後に、お宅で。❹ パーティーの成功を祈ります。
2週間後に。
クリスティアン

variations » バリエーション

❶「寂しくなります」
C'est un peu triste.

Dommage que ce soit pour ton départ.
あなたがいなくなるのは残念です。

Les circonstances ne sont pas drôles.
それは寂しいことです。

❷「つい昨日のことのようです」
J'ai l'impression que ton arrivée en France remonte à quelques jours à peine.

Pour moi c'est comme si tu étais arrivé il y a tout juste quelques semaines.
私にとっては、あなたがやってきたのは、あたかもほんの数週間前のように思えます。

Le temps a passé tellement vite que je ne me suis pas rendu compte que tu étais en France depuis 2 ans déjà.
時がたつのは早いもので、あなたがフランスに来てすでに2年になるとはとても思えません。

❸「光陰矢のごとし、ですね」
Comme le temps passe vite !

Les jours et les mois défilent si vite !
月日は飛ぶように過ぎていきます！

Deux années déjà, c'est incroyable !
すでに2年なんて信じられません！

❹「…で会いましょう」
On se voit alors dans deux semaines chez toi.

Rendez-vous donc dans deux semaines à ton appartement.
じゃあ、2週間後にあなたの家で会いましょう。

Je viendrai donc chez toi dans 2 semaines.
じゃあ、2週間後にお宅に伺います。

---

point ▶▶▶ ポイント

ⓐ remonter à「…にさかのぼる」
　Cette statue remonte à l'époque gallo-romaine.
　（この像はガロ・ロマン時代のものである）

ⓑ à peine＋数詞「せいぜい」
　Ce livre coûte à peine six euros.
　（この本はせいぜい6ユーロだ）
　Il y a à peine huit jours.
　（1週間たつかたたないかだ）

11 「欠席します」招待を断る

パーティーに出席できないことを伝えます。

Objet : Re: Re: Invitation à ma soirée d'adieu

Ma chère Izumi,

Quelle bonne idée de fêter ton retour au Japon ❶ et de se revoir tous ensemble. **L'embêtant c'est que ce soir-là je ne serai pas libre, car je dois suivre un séminaire ❷** à Lyon. **Je regrette beaucoup ❸** mais je ne pourrai pas venir.

Mais peut-être pourrions-nous nous revoir avant ton départ ? Tu prends l'avion quand exactement ? **Dis-moi quel jour t'arrange le mieux. ❹**

Et surtout profite de tes derniers jours à Paris pour faire des achats et aller au cinéma.

À bientôt,

Olivier

件名：Re:Re: さよならパーティーへのご招待

親愛なるイズミ
あなたが日本に帰るのを祝ってみんなで集まるのはとてもいいアイデアだね。❶　でも困ったことに、その晩は都合が悪いんだ。❷　リヨンであるセミナーに参加しなければいけない。とっても残念だけど、❸ 出席できないな。
でもたぶん、出発前に会えるんじゃないかな？　飛行機に乗るのは正確にはいつなの？　何日が一番都合がいいか教えてください。❹
そして特に、買い物をしたり、映画を観に行ったりして、パリで過ごす最後の日々を有意義に過ごしてください。
近いうちに。
オリヴィエ

variations » バリエーション

❶「…はいいアイデアだ」

Quelle bonne idée de fêter ton retour au Japon.

Je trouve ça super d'organiser pour ton départ une fête.
あなたの出発にあたってパーティーを計画するのは、素晴らしいことだと思うよ。

Cette fête de départ est une très bonne initiative.
この帰国記念パーティーは、とてもいい発案だね。

❷「残念ながら…」

L'embêtant c'est que ce soir-là, je ne serai pas libre, car je dois suivre un séminaire.

C'est très dommage, mais malheureusement je suis astreint ce jour-là à un séminaire.
とても残念だけど、あいにくその日はセミナーに参加しなければならないんだ。

Ça me contrarie, mais un séminaire m'empêche de venir.
困ったことに、セミナーがあるので行けないんだ。

❸「残念です」

Je regrette beaucoup.

Je suis très déçu de ne pouvoir venir.
行けないので、すごくがっかりです。

Je suis très désolée.
ひじょうに遺憾です。

❹「いつが都合がいい？」

Dis-moi quel jour t'arrange le mieux.

Quand seras-tu disponible ?
いつが都合がいいですか？

Quel jour sera le mieux pour toi ?
何日があなたにとって一番いいですか？

> **point ▶▶▶ ポイント**
>
> ● Dis-moi＋間接疑問文
>   Dis-moi où tu vas.
>   （どこに行くのか言ってください）
>   Dis-moi ce qui s'est passé hier.
>   （昨日、何が起こったのか話してください）
>   Dis-moi pourquoi tu n'es pas venu.
>   （なぜ来なかったのか教えてください）

12 「素晴らしいパーティーだったね」感想を述べる

パーティーのお礼を述べます。

Objet : Soirée fantastique

Izumi,

Es-tu remise de la soirée ❶ d'hier ? Moi **j'ai du mal à récupérer. ❷**

En tout cas, la soirée était fantastique. **L'ambiance était électrique ❸** et la musique a fait danser tout le monde. J'ai pu parler avec plein de gens et même **faire des connaissances. ❹**

J'espère que tu n'as pas eu trop de travail pour tout ranger et que des amis ont pu t'aider. Moi, j'étais un peu saoûle, car j'avais bu trop d'alcool et j'ai donc pris le taxi pour rentrer.

Merci encore pour cette très belle fête d'adieu et je te souhaite un très bon retour au Japon.

Ton ami Christian

件名：素晴らしいパーティー

イズミへ
昨夜のパーティーの疲れは残ってない？❶　僕はまだ引きずっちゃってるかな。❷
いずれにせよ、パーティーは素晴らしかったね。**雰囲気がすごくて、❸** 音楽に乗せられてみんな踊っちゃったもんね。いろんな人と話せたし、**新しい知り合いもできた。❹**
片付けが大変だったんじゃないかと心配。友達が手伝ってくれたんだといいけど。僕は飲み過ぎて、ちょっと酔っ払ってしまった。だからタクシーで帰ったよ。
本当にすてきなさよならパーティーをありがとう。気を付けて日本に帰ってね。
あなたの友達クリスティアン

variations » バリエーション

❶「疲れはとれた？」
Es-tu remise de ta soirée ?

Tu n'es pas trop fatigué de la soirée ?
パーティーですごく疲れたんじゃない？

Tu as récupéré de ta soirée ?
パーティーの疲れから回復した？

❷「調子が悪い」
J'ai du mal à récupérer.

Je ne me sens pas très bien encore.
まだ調子はいまいちです。

J'ai besoin de temps pour retrouver ma forme.
元気を取り戻すにはまだ時間がかかりそうです。

❸「楽しかった」
L'ambiance était électrique.

Il y avait une ambiance folle.
熱狂的な雰囲気でした。

La soirée était démente.
パーティーはものすごかったです。

❹「新しい出会いがありました」
J'ai pu faire des connaissances.

J'ai rencontré des gens que je ne connaissais pas du tout.
全然知らなかった人たちと会えました。

Je me suis fait de nouvelles connaissances.
新しい出会いがありました。

---

point ▶▶▶ ポイント

- faire ＋不定詞「…する結果となる」
  使役を表し、主語は物事であることが多い。

  La pluie fait pousser l'herbe.
  （雨が降ると草が伸びる）

  Le soleil fait fondre la neige.
  （太陽が雪を溶かす）

  L'embouteillage m'a fait manquer mon train.
  （交通渋滞のために列車に乗り遅れた）

13 「フランスに行きます」旅行の計画を知らせる

フランスに行く計画を立てました。知人の家を訪れたいのですが、まずは予定を尋ねます。

Objet : Voyage en France

Chère Valérie,

Les cerisiers sont en fleurs, et c'est la fête au Japon. Tout le monde va voir les fleurs de cerisiers. On se met sous les arbres pour prendre le déjeuner ou le dîner. **C'est la période festive au Japon ❶** même s'il fait encore très frais le soir. ⓐ Le printemps en France a déjà commencé ?

Ça me donne envie de voyager. **C'est aussi la raison de mon message. ❷** Cet été, es-tu chez toi ? **J'envisage en effet de venir à Mulhouse quelques jours chez toi. ❸** Que penses-tu de ce projet ? ❹

Réponds-moi simplement si cela te convient ou non.

J'attends ta réponse.

Je t'embrasse,

Shiori

件名：フランス旅行

親愛なるヴァレリー

桜の花が咲いて、日本はお祭り気分。みんなお花見に出かけます。桜の木の下に陣取って、昼も夜も宴会騒ぎ。夜はまだ冷えることもありますが、ⓐ この時期、**日本はお花見で盛り上がります。❶** フランスはどうですか？ もう春になりましたか？

この雰囲気の中にいると、旅に出たくなります。それもあってメールをしたんです。❷ この夏は家にいますか？ 実は、ミュールーズに行って、あなたの家に数日滞在したいと思っているんです。❸ この計画をどう思う？❹

都合がいいかどうかだけ教えてね。

返事、待ってます。

心を込めて。

シオリ

variations » バリエーション

❶「…の季節になりました」

C'est la période festive au Japon.

C'est l'époque où les gens se rassemblent pour fêter le printemps.
春を祝うために人が集う季節です。

C'est un moment où tout le monde oublie ses soucis et se détend.
みんな、心配事を忘れ、くつろぐときです。

❷「…のためにメールしました」

C'est aussi la raison de mon message.

Je t'écris pour quelque chose de précis.
メールをしたのには、はっきりした理由があります。

C'est pour ça aussi que je t'écris.
メールをしたのは、そのためでもあるんです。

❸「…しようと思っています」

J'envisage de venir à Mulhouse quelques jours chez toi.

J'aimerais te rendre visite.
あなたのところを訪問しようと思っているのですが。

J'ai dans l'intention de venir chez toi.
あなたの家に行くつもりです。

❹「どう思う？」

Que penses-tu de ce projet ?

Que dis-tu de mon idée ?
私の考えをどう思う？

Qu'en penses-tu ?
それについてどう思う？

---

point ▶▶▶ ポイント

ⓐ même si「たとえ…でも」

Même s'il pleut demain, le match aura lieu.
（明日雨が降っても、試合は行います）

Même si je le savais, je ne vous le dirais pas.
（たとえ知っていても、あなたには言いません）

Même si j'avais pris un taxi, je ne serais pas arrivé à temps.
（たとえタクシーを使ったとしても、私は間に合わなかっただろう）

14 「うちに泊まって」訪問を喜ぶ

訪問を歓迎する返信を出します。滞在中のプランを提案します。

Objet : Re: Voyage en France

Ma chère Shiori,

Tu viens ⓐ en France cet été ! **C'est une idée super !** ❶ On pourra enfin se revoir.

Naturellement tu loges chez moi, ❷ il y a largement de la place. **Je suis tellement heureuse de te revoir.** ❸

De plus, je pourrai prendre des congés à ce moment-là et nous pourrions voyager ensemble à travers la France. **Qu'en dis-tu ?** ❹

Je t'attends avec impatience et t'embrasse très fort,

Valérie

件名：Re: フランス旅行

親愛なるシオリ
この夏、フランスに来るの！ⓐ　**すてき！**❶　やっと会えるのね。
もちろん、うちに泊まって、❷スペースはたっぷりあるから。**会えるなんて本当にうれしいわ。**❸
それに、その頃ならお休みもとれるから、フランスのあちこちを一緒に旅しましょう。**どうかしら？**❹
首を長くして待ってます。
ヴァレリー

variations » バリエーション

❶「とてもいいと思います」
C'est une idée super !

C'est formidable, génial !
素晴らしい！

C'est une très bonne initiative.
とてもいい発案。

❷「うちに泊まって」
Naturellement tu loges chez moi.

Évidemment, tu habites chez moi.
当然、うちに滞在してね。

Tu restes chez moi, ça va sans dire.
家に泊まってね、言うまでもないことだけど。

❸「会うのが楽しみ」
Je suis tellement heureuse de te revoir.

Je suis si contente de te rencontrer à nouveau.
また会えるのをとても喜んでいます。

Je t'attends avec beaucoup d'impatience.
首を長くして待っています。

❹「どう思う？」
Qu'en dis-tu ?

Qu'est-ce que tu en penses ?
それについてどう思いますか？

À ton avis c'est une bonne idée ?
いい考えだと思う？

---

point ▶▶▶ ポイント

ⓐ venir は日本語に訳すと「行く」となる場合にも使われる。
話し手がこれから行く場所を基準にした場合
Je vais au cinéma, tu viens avec moi ?
（映画に行くけど、一緒に行かない？）
話し相手のいる場所を基準にした場合
A table ! – Je viens !
（「ごはんですよ！」「今行きます！」）

15 「問題発生！」計画を延期する

急に予定が変わってしまいました。予定の変更を謝り、スケジュールの調整を打診します。

Objet : Re: Re: Voyage en France

Chère Valérie,

C'est la catastrophe ! ❶ Mon supérieur hiérarchique est tombé malade et je suis obligée de le remplacer au moins jusqu'à la fin de l'été. Impossible de refuser, tu sais comment ça se passe au Japon !

Ça veut dire que je ne pourrai pas venir cet été à Mulhouse. **Je suis fâchée, je m'étais tellement réjouie !** ❷

Tu t'es sans doute déjà donné du mal pour rien à tout préparer. **J'en suis vraiment désolée, excuse-moi.** ❸

Mais peut-être que ça irait pour septembre. ❹ Et pour toi ça serait possible ?

Ne m'en veux pas. ⓐ

A +

Je t'embrasse,

Shiori

件名：Re: Re: フランス旅行

親愛なるヴァレリー

大変！❶　私の上司が病気になってしまって、少なくとも夏の終わりまでは私が代わりを務めなければならなくなってしまったの。断ることはできません。こうした場合、日本ではどうなるか、あなたもわかっていますよね。

つまり、私はこの夏、ミュールーズに行けないということ。**残念、すごく楽しみにしていたのに。**❷
もう準備を始めちゃったんじゃないかと思うけど、**無駄になっちゃった。本当にごめんなさい、許してね。**❸

でもたぶん9月には実現できるのではないかと思う。❹　その場合、あなたのほうは大丈夫かしら？
悪く思わないでね。ⓐ
また今度。
心を込めて。
シオリ

variations » バリエーション

❶「問題発生！」
C'est la catastrophe !

Il y a un gros problème !
大問題発生！

Un imprévu me tombe sur la tête !
思いがけないことが起きたの！

❷「楽しみにしていたのに…」
Je suis tellement fâchée, je m'étais tellement réjouie !

Je suis très mécontente, j'étais si heureuse !
あんなにうれしく思っていたのに、いやになっちゃうわ！

Je suis triste, je me réjouissais tellement !
あれほど楽しみにしていたのに、悲しいわ！

❸「ごめんなさい」
J'en suis vraiment désolée, excuse-moi.

Je regrette vraiment, pardonne-moi.
本当に申し訳ない。許してください。

Ne m'en veux pas s'il te plait.
悪く思わないでください。

❹「たぶん…できます」
Peut-être que ça irait pour septembre.

C'est peut-être possible de venir pour le mois de septembre.
行けるとしたら、たぶん９月です。

Il y aurait peut-être une possibilité de venir en septembre.
９月に行く可能性があるかもしれない。

---

point ▶▶▶ ポイント

ⓐ en vouloir à qn「人に恨みをいだく、悪く思う、腹を立てる」
　Ne m'en veuillez（またはveux）pas.
　（悪く思わないでください）
　Tu m'en veux ?
　（私のこと怒ってる？）

16 「お願いがあります」依頼する

フランス語の文書の添削をネイティブの友人に頼みます。

Objet : Demande

Cher Adrien,

Comment ça va ? Et ta copine ?

Je suis en train d'analyser la nouvelle proposition de travail qui m'est faite par une société de Nantes. **Ça a l'air intéressant.** ❶

J'ai donc un service à te demander. ❷ Je ne suis pas du tout sûr de mes formules de politesse notamment. Pourrais-tu éventuellement les relire et les corriger avant que j'envoie la réponse à Nantes ?

Je sais que tu es occupé, aussi **ne te gêne pas pour refuser, je comprendrais très bien.** ❸ **Mais bien sûr ça me serait d'une grande aide.** ❹

Réponds-moi vite,

Shuho

件名：お願い

親愛なるアドリアン
元気？ そして彼女は？
ナントの会社からの新しい仕事の提案を受けるかどうか検討しています。**それはなかなか面白そうなんです。**❶
そこで頼みたいことがあります。❷ 私は特に儀礼的表現に自信がありません。ナントに返事を送る前に、僕の書いたものを読んで、添削してもらえないでしょうか？
君が忙しいのは知っていますから、**断るのに遠慮することはありません、よくわかります。**❸ **でももちろん引き受けてもらえたら、とても助かります。**❹
すぐに返信をお願いします。
シュウホ

variations » バリエーション

❶「それは面白そうなんです」
Ça a l'air intéressant.

Je pense que c'est intéressant.
それは面白いと思う。

J'ai l'impression que c'est intéressant.
それは面白そうな気がする。

❷「頼みたいことがあります」
J'ai donc un service à te demander.

Pourrais-tu m'aider ?
僕を助けてくれますか？

Je voudrais te demander un service.
頼みたいことがあるんですけど。

❸「駄目なら言って」
Ne te gêne pas pour refuser, je comprendrais très bien.

Ne crains pas de dire non, il n'y a pas de problème.
駄目と言ってくれていいです、問題はありません。

N'hésite pas à refuser, ça ne sera pas grave.
ためらわず断ってくれて構いません。

❹「…してくれると助かります」
Mais bien sûr ça me serait d'une grande aide.

Evidemment ce serait très bien pour moi.
引き受けてもらえれば、僕にとってはとてもいいことなのは間違いありません。

Naturellement ça m'aiderait beaucoup.
そうしてくれたら、当然、僕はすごく助かります。

---

point ▶▶▶ ポイント

● pouvoirを使って依頼の表現をていねいにする。
「僕を助けてくれますか？」
Peux-tu m'aider ?（直説法現在）
→Pourras-tu m'aider ?（直説法単純未来）
→Pourrais-tu m'aider ?（条件法現在）
＊直説法を使った「今」ではなく、未来形や条件法を使って「想像上の世界のこと」にすることで、よりていねいになる。

17 「残念ながら…」依頼を断る

添削の依頼を断らなければなりません。今回は協力できないが、成功を祈るニュアンスを伝えます。

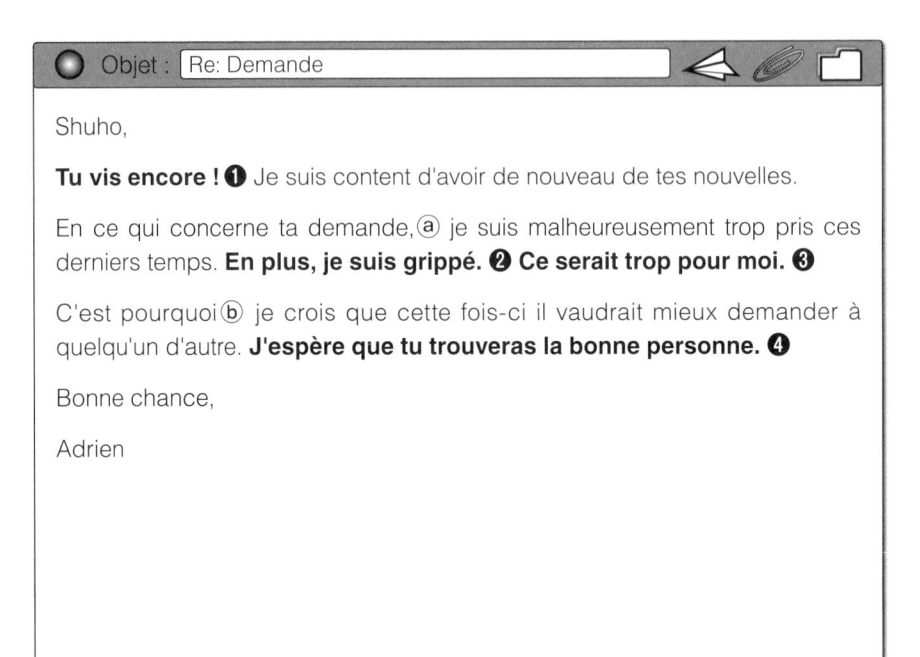

○ Objet : Re: Demande

Shuho,

Tu vis encore ! ❶ Je suis content d'avoir de nouveau de tes nouvelles.

En ce qui concerne ta demande, ⓐ je suis malheureusement trop pris ces derniers temps. **En plus, je suis grippé.** ❷ **Ce serait trop pour moi.** ❸

C'est pourquoi ⓑ je crois que cette fois-ci il vaudrait mieux demander à quelqu'un d'autre. **J'espère que tu trouveras la bonne personne.** ❹

Bonne chance,

Adrien

件名：Re: お願い

シュウホ
僕のこと、忘れてなかったんだね！ ❶　また連絡してくれてうれしいよ。
お願いの件だけど、ⓐあいにくここのところ忙しいんだ。**そのうえ、風邪をひいちゃって。** ❷　僕にはちょっと無理かな。❸
だから、ⓑ今回は誰かほかの人に頼んでもらえればと思うんだ。**適当な人が見つかるといいね。** ❹
幸運を祈ってる。
アドリアン

variations » バリエーション

❶ 「覚えててくれてありがとう」
Tu vis encore !

Tu te souviens de moi !
僕のこと、覚えてくれてたんだ！

Tu ne m'as pas oublié !
僕のこと、忘れてなかったんだ！

❷ 「そのうえ…」
En plus, je suis grippé.

Je suis aussi malade.
身体の具合も悪いんだ。

Je ne suis pas non plus très en forme, car j'ai de la fièvre.
熱があって、調子があまりよくないんだ。

❸ 「無理です」
Ce serait trop pour moi.

J'aurai alors trop de travail, c'est impossible.
仕事が忙しすぎて、不可能だ。

Je ne pourrai pas en plus m'occuper de toi.
そのうえ、君の頼みごとを引き受けることはできない。

❹ 「ほかの人が見つかるといいですね」
J'espère que tu trouveras la bonne personne.

Je pense que tu pourras trouver la personne idoine.
うってつけの人が見つかるといいね。

Je te souhaite de trouver le bon correcteur.
君がいい添削者を見つけることを祈ってるよ。

---

point ▶▶▶ ポイント

ⓐ 「ご依頼に関して…」
　En ce qui concerne ta demande...
　Pour ta demande...
　Quant à ta demande...

ⓑ C'est pourquoi...「そういうわけで、だから…」
　Il ne va pas bien. C'est pourquoi je le remplace.
　（彼は調子が悪い。そんなわけで私が彼の代わりをするのです）

18 「よろこんで！」依頼を承諾する

依頼を快諾します。

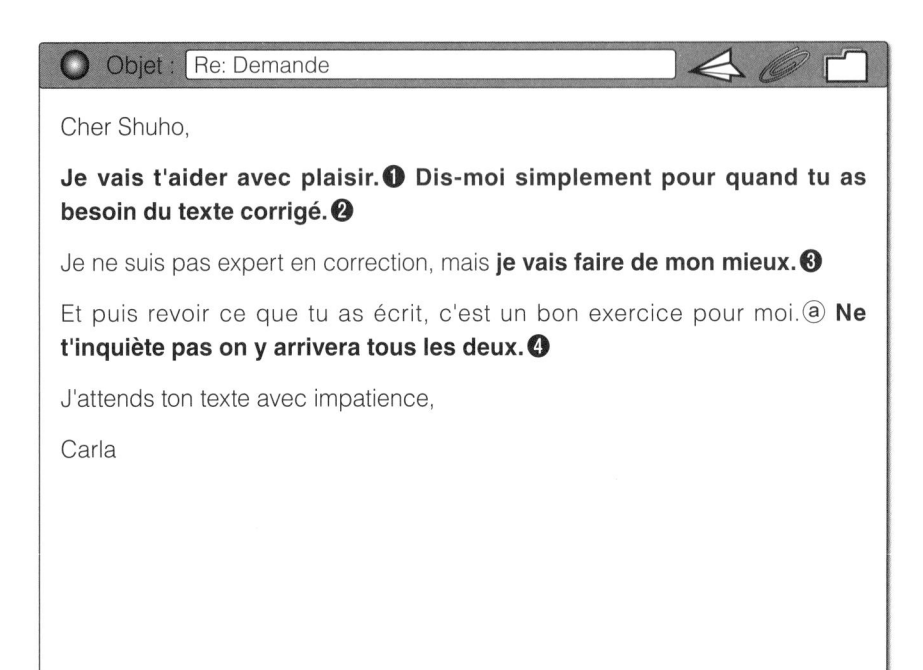

Objet : Re: Demande

Cher Shuho,

Je vais t'aider avec plaisir. ❶ **Dis-moi simplement pour quand tu as besoin du texte corrigé.** ❷

Je ne suis pas expert en correction, mais **je vais faire de mon mieux.** ❸

Et puis revoir ce que tu as écrit, c'est un bon exercice pour moi. ⓐ **Ne t'inquiète pas on y arrivera tous les deux.** ❹

J'attends ton texte avec impatience,

Carla

件名：Re: お願い

親愛なるシュウホ
喜んであなたの手伝いをするわ。❶　**添削した文が、いつ必要なのかだけ教えてください。**❷
添削の専門家じゃないけど、**最善を尽くすつもりです。**❸
それに、あなたが書いたものを添削するのは、私にとっていい練習です。ⓐ　**心配しないで、二人で力を合わせれば、うまくいくと思うわ。**❹
あなたから文書が送られてくるのを、首を長くして待ってます。
カルラ

variations　»　バリエーション

❶「OKです」
Je vais t'aider avec plaisir.

Je suis heureux de pouvoir t'aider.
あなたの手伝いができるのはうれしい。

Ça ne me pose pas de problème de t'aider.
あなたを手伝うことは、私にとって何の問題もありません。

❷「いつまで？」
Dis-moi pour quand tu as besoin du texte corrigé.

Quelle est la limite pour l'envoi de ton texte ?
あなたの文書の送付期限はいつですか？

Pour quelle date je dois finir la correction ?
いつまでに添削を終えなければいけませんか？

❸「がんばります」
Je vais faire de mon mieux.

Je ferai tout mon possible.
できる限りのことをするつもりです。

Je ferai le maximum.
全力を尽くすつもりです。

❹「大丈夫」
Ne t'inquiète pas, on y arrivera tous les deux.

Tous les deux ensemble on écrira un bon texte.
二人で一緒に、いい文を書きあげましょう。

À nous deux, il n'y aura pas de problème.
私たち二人なら、問題ないでしょう。

---

point ▶▶▶ ポイント

ⓐ C'estの指示代名詞ceは、revoir ce que tu as écrit全体を受ける。
前の不定詞を指示代名詞ceが受けた諺の例。

Vouloir, c'est pouvoir.
（意志があればできるものだ＝精神一到、何事か成らざらん）

Voir, c'est croire.
（見ることは信じることだ＝百聞は一見に如かず）

19 「ありがとう」お礼を言う

協力に感謝します。

Objet : Re: Re: Demande

Chère Carla,

Je viens d'envoyer mon dossier à la société. J'ai encore apporté quelques modifications de dernières minutes. **Il ne me reste plus qu'à croiser les doigts ❶** et attendre leur réponse.

Je voudrais donc te remercier vivement pour ton aide si précieuse. ❷ Sans toi je n'aurai jamais pu envoyer le dossier. ❸

Permets-moi de t'envoyer un petit cadeau du Japon. ❹

Merci encore mille fois,

Ton ami Shuho

件名：Re: Re: お願い

親愛なるカルラ
会社に書類を送ったところです。最後の最後に少し修正を加えました。あとはじっと返事を待つだけです。❶
というわけで、大変貴重なあなたの助けに感謝するばかりです。❷　あなたなしでは、書類を送ることはできなかったでしょう。❸
日本からちょっとしたプレゼントをあなたに送らせていただきたく思います。❹
本当に、どうもありがとう。
あなたの友、シュウホより

variations ≫ バリエーション

❶「あとは天に祈るのみ」
Il ne me reste plus qu'à croiser les doigts.

Je n'ai plus qu'à attendre en espérant que la chance me sourira.
幸運の女神が僕にほほ笑んでくれることを期待しつつ、あとは待つだけです。

Maintenant il n'y a plus qu'à attendre en priant le ciel.
今は天に祈って待つだけです。

❷「感謝します」
Je voudrais donc te remercier pour ton aide si précieuse.

Reçois mes remerciements pour m'avoir aidé à faire ce dossier.
書類作成を手伝ってくれたことに対する私の感謝の気持ちを受け取ってください。

Merci beaucoup de ton aide indispensable.
あなたが手伝ってくれていなければどうなっていたか。本当にどうもありがとう。

❸「あなたのおかげです」
Sans toi je n'aurai jamais pu envoyer le dossier.

Grâce à toi j'ai pu finir le dossier
あなたのおかげで、書類を完成させることができました。

Ton aide m'était indispensable.
あなたの助けが私には不可欠でした。

❹「お礼に…を受け取ってください」
Permets-moi de t'envoyer un petit cadeau du Japon.

Pour te remercier, accepte le cadeau que je vais t'envoyer.
あなたに感謝するため、私が送るプレゼントを受け取ってください。

En remerciement de ton aide, accepte ce petit cadeau japonais.
あなたの助けへの感謝の印として、この日本からのささやかなプレゼントを受け取ってください。

---

point ▶▶▶ ポイント

- doigtを使った表現
  croiser les doigts（指を組む）
  →「静観する」
  au doigt et à l'œil（指と目で）
  →「ちょっと合図をするだけで、意のままに、命令どおり」
  avoir les doigts verts（緑色の指をもつ）
  →「庭仕事がうまい」

20 「…してくれませんか？」依頼する

知人に、研究で必要な資料を知っているか聞いてみます。

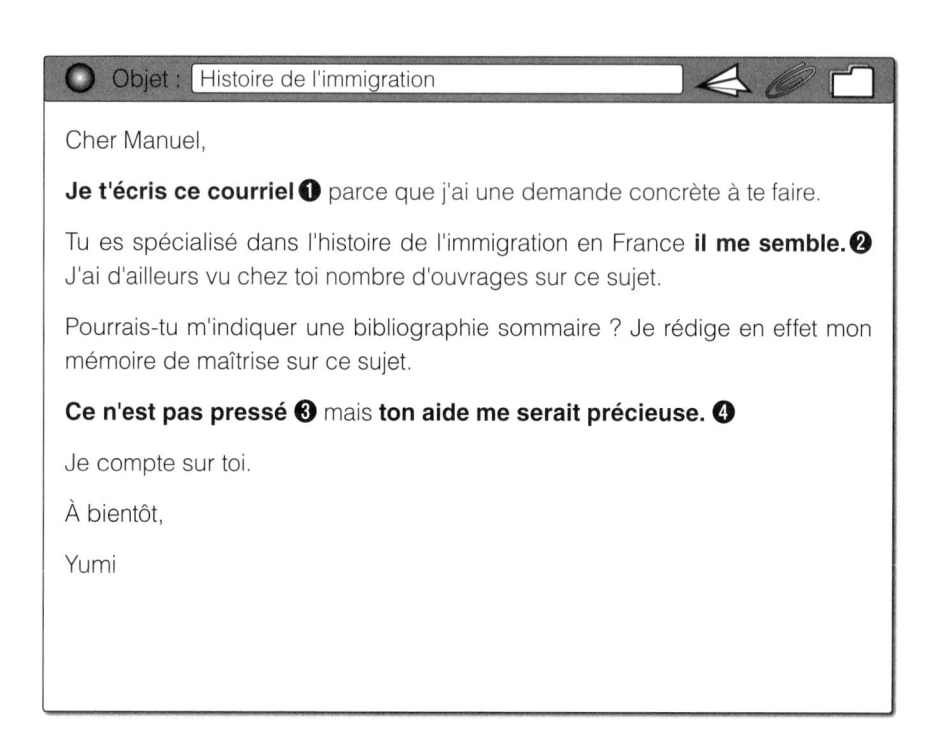

Objet : Histoire de l'immigration

Cher Manuel,

Je t'écris ce courriel ❶ parce que j'ai une demande concrète à te faire.

Tu es spécialisé dans l'histoire de l'immigration en France **il me semble. ❷** J'ai d'ailleurs vu chez toi nombre d'ouvrages sur ce sujet.

Pourrais-tu m'indiquer une bibliographie sommaire ? Je rédige en effet mon mémoire de maîtrise sur ce sujet.

Ce n'est pas pressé ❸ mais **ton aide me serait précieuse. ❹**

Je compte sur toi.

À bientôt,

Yumi

件名：移民流入の歴史

親愛なるマニュエル
あなたに具体的にお願いしたいことがあって、**このメールを書いています。❶**
あなたの専門はフランスにおける移民流入の歴史**だったと思うのですが。❷**　それに、関連書籍をたくさん、あなたの家で見た記憶があります。
簡潔な文献目録を示していただけますか？　実は、この主題で修士論文を書くことになっているのです。
急ぎではありません❸が、**あなたの協力が私にとっては貴重なものとなるでしょう。❹**
頼りにしています。
近いうちに。
ユミ

variations » バリエーション

❶「…でメールを書いています」
Je t'écris ce courriel...

Je t'écris ce mél...
このメールをあなたに書いています。

Je t'écris ce petit message...
このちょっとしたメッセージをあなたに書いています。

❷「…だったと思います」
Il me semble...

Je pense...
私は…と思います。

À mon avis...
思うに…

❸「急ぎません」
Ce n'est pas pressé.

Ce n'est pas urgent.
緊急ではありません。

Ça peut attendre.
すぐじゃなくても大丈夫です。

❹「協力が必要です」
Ton aide me serait précieuse.

J'ai besoin de ton aide.
私はあなたの協力を必要としています。

Ton aide est indispensable.
あなたの協力が不可欠です。

---

point ▶▶▶ ポイント

- compter sur qn /qc「人／物を当てにする、期待する」
  Je compte sur toi.
  (君を当てにしているよ、よろしくね)
  Il compte trop sur sa mémoire.
  (彼は記憶に頼りすぎる)
- y compter「当てにする」
  N'y comptez pas trop.
  (それはあまり当てになりませんよ)

21 「ごめんなさい」詫びる

約束に行けなかったことを後日詫びるメールを出します。行けなかった事情に触れ、理解を求めています。

Objet : RDV ⓐ

Chère Lucile,

Excuse-moi de ne pas être venue hier ❶ⓑ à ta soirée. J'espère que tout s'est néanmoins bien passé.

Les enfants ont pris la grippe et en plus je me suis un peu disputée avec mon mari Toru. **J'aurais dû t'appeler** ❷ mais franchement j'étais épuisée.

J'espère qu'une autre fois sera possible. **Il me tarde aussi de vous revoir.** ❸

Ne m'en veux pas. ❹

Grosses bises,

Tomoko

件名：会う約束ⓐ

親愛なるリュシル

昨日、パーティーに行けなくてごめんなさい。❶ⓑ　でも、すべてうまくいったのではないか、と思っています。

子どもたちは風邪をひくし、夫のトオルとはちょっと口げんかをしてしまって。**知らせなきゃいけなかったんだけど、**❷もう本当にクタクタで。

次回を期待してます。あなたに会うのが待ち遠しいです。❸

悪く思わないでね。❹

心を込めて。

トモコ

variations 》 バリエーション

❶ 「…してごめんなさい」
Excuse-moi de ne pas être venue hier.

Je suis désolée d'avoir raté ta soirée.
パーティーを欠席して申し訳ない。

Ne m'en veux pas de t'avoir fait faux bond.
約束を破ったことを悪く思わないでください。

❷ 「…するべきだったのに」
J'aurais dû t'appeler.

C'était nécessaire de te prévenir par téléphone.
電話で知らせる必要がありました。

Je regrette de ne pas t'avoir prévenu.
あなたに知らせないで申し訳ありません。

❸ 「会うのが待ち遠しい」
Il me tarde de vous revoir.

Je suis impatiente de vous revoir.
あなたに会いたくてたまらないです。

Je veux vous revoir le plus vite possible.
なるべく早くあなたに会いたいです。

❹ 「怒らないでね」
Ne m'en veux pas.

Ne sois pas fâché.
怒らないでね。

Ne m'en tiens pas rigueur.
私を恨まないでください。

---

point ▶▶▶ ポイント

ⓐ RDV は rendez-vous の略
ⓑ 不定詞の完了［複合］形
　avoir（あるいは être）＋過去分詞（être venue, avoir raté, avoir fait などの形）で、主動詞に対する完了を示す。

22 「心配していました」再会を約束する

✉ 21 に返信します。来られなかったことを気に病まないよう配慮しています。

Objet : Re: RDV

Chère Tomoko,

Merci de ton courriel. **On s'était évidemment inquiétée.** ❶ Il me tarde aussi de te revoir. Sabine n'est pas non plus venue. Et puis tout le monde était un peu fatigué. **En somme tu n'as rien raté.** ❷ **Donc ce n'est pas grave que tu ne sois pas venue.** ❸

J'espère que tu te sens mieux et que tu as pu un peu te reposer. Comment ça va chez les enfants et chez Toru ?

De toute façon, on refera une soirée bientôt lors de la fin de l'année universitaire. ❹ Tu auras alors l'occasion de venir.

Bises,

Lucile

件名：Re: 会う約束

親愛なるトモコ

メールありがとう。**みんな、本当に心配していたのよ。**❶　私もあなた方に会うのが待ち遠しいです。サビーヌも来なかったの。それにみんな少し疲れていたから、**結局のところ、あなたが残念がることは何もないわ。**❷　というわけで、来なかったことは大したことではありません。❸ あなたの調子がよくなって、少し休むことができていれば、と思います。お子さんたちやご主人のトオルさんはどうしていますか？
いずれにせよ、もうすぐ大学の学年末なので、またパーティーをしましょう。❹　そのときは来てくださいね。
心を込めて。
リュシル

variations » バリエーション

❶「心配していました」
On s'était évidemment inquiété.

On a eu peur que quelque chose te soit arrivé.
何かあったんじゃないかとみんなで案じていたの。

On a pensé que tu avais un problème.
何か問題があったのかと思っていたの。

❷「残念がることはありません」
En somme tu n'as rien raté.

En fait, la soirée n'était pas très réussie.
実際、パーティーはあまりパッとしなかったの。

C'était dommage, mais la soirée n'a pas été très festive.
残念だったけど、パーティーは大して盛り上がらなかったの。

❸「大したことではありません」
Donc ce n'est pas grave que tu ne sois pas venu.

Ce n'est pas très important que tu ne sois pas venu.
来なかったことは、大して重要ではありません。

Ne t'excuse pas de ton absence.
来なかったことを謝るには及びません。

❹「ともかく…しましょう」
De toute façon, on refera une soirée bientôt lors de la fin de l'année universitaire.

Ne t'inquiète pas, à la fin de l'année universitaire on fera une nouvelle soirée.
心配しないで、大学の学年末にはまたパーティーをする予定です。

Ce n'est que partie remise, car on refera une soirée bientôt.
延期しただけで、近いうちにまたパーティーをするつもりです。

---

point ▶▶▶ ポイント

- メールはフランス語ではmél, courrielという。
- 「いずれにせよ」
  de toute façon
  en tout cas
  dans tous les cas
  quoi qu'il en soit

23 「ブログ始めました」ブログの開設を知らせる

リクエストされていたブログを開設したことを告知します。

Objet : Mes articles

Chers tous,

Depuis longtemps vous me demandez de rassembler les articles que j'ai publiés.

C'est enfin chose faite. ❶ Il vous suffira d'aller sur mon blog ❷ⓐ www.blogchristian.com, et vous trouverez tous mes écrits regroupés.

J'espère ne pas vous décevoir ❸ ⓑ et j'attends naturellement vos commentaires qui seront la bienvenue. ❹

Bonne lecture et encore une fois n'hésitez pas à faire des remarques, cela me permettra de progresser.

Christian

件名：私の書いた記事

皆様
かなり以前から、出版された私の記事をまとめるように依頼されていました。
やっとできましたのでお知らせします。❶ 「www.blogchristian.com」という私のブログにアクセスすれば、**❷ⓐ一つにまとめた私の著作のすべてを閲覧することができます。**
失望させるようなことがなければいいのですが…、❸ⓑぜひコメントをお寄せください、歓迎します。❹
じっくり読んでください、そして繰り返しになりますが、遠慮なく批評してください、私の進歩につながることと思います。
クリスティアン

variations » バリエーション

❶「やっとできました」
C'est enfin chose faite.

J'ai enfin finalement rassemblé mes articles.
ついに私の記事をまとめました。

J'ai finalement suivi vos conseils.
ご忠告に従って、やっと作業を終えました。

❷「…すれば OK です」
Il vous suffira d'aller sur mon blog.

Pour lire les articles, c'est facile, ils sont sur mon blog.
記事を読むのは簡単です、私のブログにあります。

Désormais ce sera pratique grâce à mon blog, de lire mes articles.
ブログのおかげで、これからは私の記事を読むのが便利になります。

❸「…だといいのですが」
J'espère ne pas vous décevoir.

J'espère que vous aimerez mes articles.
私の記事が皆様に気に入るよう願っています。

J'espère que vous les trouverez intéressants.
記事を興味深いと思っていただければ幸いです。

❹「ご意見お待ちしています」
J'attends naturellement vos commentaires qui seront la bienvenue.

J'espère que vous me donnerez vos avis sur mes articles.
私の記事に関するご意見を期待します。

Vos critiques seront appréciées.
ご批評いただければ、ありがたく存じます。

---

point ▶▶▶ ポイント

ⓐ suffire の非人称構文
Il suffit à qn de ＋不定詞「人にとって…するだけでよい、十分である」
Il vous suffit de me passer un coup de fil.
（私に電話を1本くだされば事足ります）

ⓑ 不定詞の否定は ne pas ＋不定詞
J'espère ne pas vous décevoir.

24 「感動しました」感想を伝える

最近行った美術展の感動を友達に知らせるメールを書きます。

Objet : Exposition

Chers tous,

J'étais à l'exposition Monet au Grand Palais. C'était génial, surtout en nocturne.

En effet à la fin l'ouverture était continue pendant 84 heures ! **Impressionnant !** ❶ Dommage que ce soit terminé, j'y serai bien retourné encore.

Si vous l'avez raté, je vous conseille l'exposition au centre Pompidou ❷ consacrée à Jean-Michel Basquiat, un artiste américain contemporain des années 60-70. Méconnu en France, il attire la grande foule. **Il faut absolument y aller,** ❸ c'est une vraie découverte. ❹

J'espère vous avoir convaincus.

Éric

件名：展覧会

皆様

グラン・パレで開催されている「モネ展」に行ってきました。素晴らしかったです、特に夜間が。実際、最後は、開館が84時間連続でした！　それはもう感動的でした！❶　終わってしまい、残念です、また行きたかった。

もし見逃してしまったとしたら、ポンピドゥー・センターでの展覧会をお勧めします。❷　ジャン＝ミシェル・バスキア（60〜70年代のアメリカの現代芸術家）の展覧会です。フランスでは知られていませんが、多くの人を魅了しています。ぜひ行ってください、❸正真正銘の発見です。❹

皆様を納得させることができたことを願います。

エリック

variations » バリエーション

❶「感動的でした」
Impressionnant !

Incroyable !
信じられない！

Inouïe !
前代未聞！

❷「お勧めします」
Si vous l'avez râté, je vous conseille l'exposition au centre Pompidou.

Si vous n'y êtes pas allé, je vous engage à aller à l'exposition au centre Pompidou.
もし行ってないなら、ポンピドゥー・センターでの展覧会においでになることをお勧めします。

Si vous l'avez manqué, je vous suggère d'aller à l'exposition au centre Pompidou.
もし見逃してしまったなら、ポンピドゥー・センターでの展覧会に行かれることを提案します。

❸「ぜひ行ってください」
Il faut absolument y aller.

Ne manquez pas cette exposition.
この展覧会は見逃さないように。

Ne râtez pas cette exposition.
この展覧会は見逃せません。

❹「これこそ本物の芸術！」
C'est une vraie découverte.

C'est un art nouveau.
初めて触れる芸術です。

C'est un artiste qu'il faut apprendre à connaître.
世に知らしめるべき芸術家です。

---

point ▶▶▶ ポイント

- espérer ＋不定詞複合形「…と思いたい、を願う」
  J'espère avoir fait ce qu'il fallait.
  （やるべきことはやったと私は思いたい）
- 「…年代」
  les années 1920
  （1920年代）

25 「面白い本を読みました」紹介する

読んで面白かった本を人に紹介します。

Objet : Livre

Françoise,

J'ai lu un livre très intéressant. Son titre en japonais c'est « Chiruzo Kanashiki- Iwojima Sôshikikan, Tadamichi Kuribayashi ». Je viens d'apprendre **qu'il a été traduit en français sous le titre « Lettres D'Iwo Jima »** ❶ aux éditions Les Arènes. L'auteur est Kumiko Kakehashi.

Je te conseille de l'acheter. ❷ Ce sont des lettres envoyées par le commandant Kuribayashi pendant sa résistance à Iwo Jima lors de l'attaque américaine.

C'est très intéressant, très émouvant. **Un vrai document humain.** ❸

Je pense que tu le trouveras facilement en librairie à Paris.

Tu me diras ce que tu en penses. ❹

Je t'embrasse,

Sae

件名：本

フランソワーズ

とても面白い本を読みました。日本語の題名は『散るぞ悲しき　硫黄島総指揮官・栗林忠道』。『**硫黄島からの手紙**』**というタイトルで**❶レザレンヌ社からフランス語版が出版されたことを最近知りました。著者は梯久美子です。

その本の購入をお勧めします。❷　硫黄島でアメリカ軍の攻撃に抵抗していたときに栗林指揮官から送られた手紙です。

大変興味深く、とても感動的です。**まさしく人間の記録。**❸

パリの書店で簡単に手に入れることができると思います。

感想を聞かせてください。❹

心を込めて。

サエ

variations » バリエーション

❶「フランス語のタイトルは…です」
Il a été traduit en français sous le titre…

La version française s'appelle…
フランス語版は…という題名です。

Le titre en français est…
フランス語のタイトルは…です。

❷「買って損はありません」
Je te conseille de l'acheter.

Achète-le absolument.
絶対その本を買ってください。

Tu ne seras pas déçu en l'achetant.
その本を買って、がっかりするようなことはありません。

❸「…に関するものです」
Un vrai document humain.

C'est un livre sur la guerre, mais aussi sur les sentiments humains.
それは戦争に関する本ですが、人間的感情に関するものでもあります。

Le livre nous décrit le caractère humain du commandant.
その本は私たちに指揮官の人間性を語っています。

❹「感想を聞かせてください」
Tu me diras ce que tu en penses.

Donne-moi ton avis sur le livre.
その本に関するあなたの意見を聞かせてください。

Ton opinion sur le livre sera la bienvenue.
その本に関するあなたの考えを歓迎します。

---

point ▶▶▶ ポイント

- conseiller à qn de ＋不定詞「人に…することを勧める」

  Je vous conseille de partir tout de suite.
  (すぐ出かけたほうがいいですよ)

  La prudence m'a conseillé de me taire.
  (私は慎重さから口をつぐんでいた)

26 「相談したいことが…」相談する

夫との関係について友人に相談します。

Objet : Problème

Chère Yuko,

J'ai un problème dont je voulais te parler. **En ce moment avec Hisao ça ne va pas très bien.** ❶ Je ne le sens pas présent. **J'ai l'impression qu'il ne m'écoute pas et s'enferme dans ses idées.** ❷

Est-ce que c'est un problème culturel ? Je voudrais lui parler franchement, mais il n'a jamais le temps !

Comment réagir, que dois-je faire ? ❸

Si tu pouvais me donner quelques idées, ❹ ce serait merveilleux.

Je t'embrasse tendrement,

Orphélie

件名：問題

親愛なるユウコ
問題があって、あなたに相談したいと思い、メールしました。**このところヒサオとあまりうまくいっていません。**❶　彼が遠くの存在に思えるのです。私の言うことを聞いていないし、自分の考えに閉じこもっている感じがします。❷
これは文化の問題でしょうか？　私は彼と率直に話をしたいと思っているのですが、彼は時間がない、の一点張りです！
どう対処したらいいのでしょうか、私はどうすべきなのでしょうか？❸
あなたの意見をお聞かせ願えれば、❹幸いです。
かしこ
オルフェリ

variations 》 バリエーション

❶「うまくいっていないんです」
En ce moment avec Hisao ça ne va pas très bien.

Les relations avec mon mari Hisao ne sont pas bonnes.
夫ヒサオとの関係がよくありません。

Je ne me sens pas bien avec Hisao.
ヒサオといて、あまり居心地がよくありません。

❷「…な感じがします」
J'ai l'impression qu'il s'enferme dans ses idées.

Je vois qu'il se replie sur lui-même.
彼が自分の殻に閉じこもっているのがわかります。

Je m'aperçois qu'il ne pense qu'à lui.
彼は自分のことだけを考えているように見えます。

❸「どうすべきでしょうか？」
Comment réagir, que dois-je faire ?

De quelle manière me comporter ?
どんなふうに行動すればいいでしょうか？

Comment m'y prendre, quoi lui dire ?
どう振る舞い、彼に何を言うべきでしょうか？

❹「アドバイスをください」
Si tu pouvais me donner quelques idées…

Si tu pouvais me donner des conseils…
私に何かアドバイスしていただければ…。

Si tu pouvais m'aider en me donnant ton avis…
私に助言していただければ…。

---

point ▶▶▶ ポイント

- 関係代名詞 dont ＝ de ＋先行詞
  J'ai un problème. Je voulais te parler de ce problème.
  → J'ai un problème dont je voulais te parler.
  (君に相談したい問題があります)
  Voilà M.Dupont. Vous connaissez la fille de M.Dupont.
  → Voilà M.Dupont dont vous connaissez la fille.
  (この方がデュポンさんです。お嬢さんをご存じでしょう)

27 「冷静になって」アドバイスする

✉26 に返信します。

Objet : Re: Problème

Ma chère Orphélie,

Je suis triste. Tu me dis que les relations avec Hisao ne sont pas bonnes.

Mais peut-être c'est seulement ce que tu imagines. ❶ Il est peut-être fatigué et a besoin de se concentrer. **Il vaut mieux le laisser tranquille pour l'instant.** ❷ Quand tu sentiras qu'il est plus détendu, tu lui parleras franchement.

Tu sais, je ne crois pas que la différence culturelle soit si importante. Mais vivre en France pour Hisao n'est pas si facile. **Il faut se mettre à sa place.** ❸

Je ne sais si mes conseils te seront utiles, mais n'hésite pas à me reparler de ton problème.

Ne panique pas ! ❹

Je pense à toi,

Yuko

件名：Re: 問題

親愛なるオルフェリ

私は悲しいです。ヒサオさんとの関係がうまくいっていないということですね。
でもそれはおそらくあなたが想像しているだけのことだと思います。❶　たぶん、彼は疲れていて、精神を集中させる必要があるのです。**しばらく彼をそっとしておくのがいいと思います。**❷
彼がだいぶリラックスしているな、と思えるようになったら、率直に話してみたらどうですか。
そうですね、文化の違いはそれほど重要ではないと思います。でも、ヒサオさんにとっては、フランスで暮らすことはそう容易なことではありません。**彼の身になってみてください。**❸
私のアドバイスがあなたの役に立つかどうかわかりませんが、また遠慮なく相談してください。
パニックにならないように！❹
あなたのことを思っています。
ユウコ

variations » バリエーション

❶「考え過ぎですよ」

Mais peut-être est-ce seulement ce que tu imagines.

Peut-être que tu exagères et que le problème relationnel n'est pas si grave.
おそらくあなたの考え過ぎで、夫婦関係の問題はそれほど深刻ではないと思います。

Peut-être que c'est seulement dans ton imagination.
おそらくそれはあなたの想像の中だけのことだと思います。

❷「…したほうがいい」

Il vaut mieux le laisser tranquille pour l'instant.

N'insiste pas et continue de vivre normalement sans l'inquiéter.
こだわらずに、彼を煩わせることなく、今までどおりの暮らしを続けてください。

Ne lui parle pas trop, ne lui mets pas la pression.
話しかけ過ぎず、プレッシャーをかけないようにしてください。

❸「…する必要があります」

Il faut se mettre à sa place.

Il faut le comprendre.
彼のことを理解する必要があります。

Il faut imaginer sa situation.
彼の立場で考えなければなりません。

❹「落ち着いて」

Ne panique pas !

Reste calme, ne pense pas à ça tout le temps.
落ち着いて、そのことばかりを考えないように。

Ne t'énerve pas !
イライラしないように！

---

point ▶▶▶ ポイント

- si の用法
  副詞として後続の形容詞を強調する。「これほど」「そんなに」「とても」「たいへん」
  Je ne crois pas que la différence culturelle soit si importante.
  Vivre en France pour Hisao n'est pas si facile.
  接続詞として間接疑問を導く。「…かどうか」
  Je ne sais si mes conseils te seront utiles.
  † savoir ＋間接疑問節では、否定の pas は省略が可能。

28 「生まれました」子どもの誕生を知らせる

子どもが生まれたことをメールで知らせます。
赤ん坊の写真を添付します。

Objet : Gaëlla est là !

Chers tous,

Gaëlla est née il y a 4 jours. **Elle se porte bien ainsi que sa maman** ❶ qui vous embrasse.

Ci-joint les photos de Gaëlla ❷ les premiers jours de sa vie. Si vous avez un problème pour ouvrir le fichier-joint documents-photos, dites-le-moi, **je changerais de version.** ❸

Nous sommes fous de joie et **espérons** pouvoir bientôt **partager ce bonheur avec vous tous.** ❹

Vive la vie !

Rio et Robert

件名：ガエラがそこに！

皆様
4日前にガエラが生まれました。**母子ともに健康です。**❶　家内からも皆様によろしく、とのことです。
誕生直後のガエラの写真を添付します。❷　写真添付ファイルが開けない場合には、連絡してください、**バージョンを変えてみますから。**❸
私たちはもううれしくてたまりません、近いうちに皆様とこの幸せを分かち合うことができれば、と思っています。❹
人生万歳！
リオとロベール

variations » バリエーション

❶「母子ともに健康です」
Elle se porte bien ainsi que sa maman.

Gaëlla et Rio sont en très bonne santé.
ガエラもリオもとても元気です。

Gaëlla et sa maman se portent comme un charme.
ガエラとママは快調です。

❷「添付します」
Ci-joint les photos de Gaëlla.

Vous trouverez en fichier joint les photos de Gaëlla.
添付ファイルにガエラの写真があります。

Je vous transmets en même temps les photos de Gaëlla.
ガエラの写真も一緒に送ります。

❸「ほかの方法で試してみます」
Je changerai de version.

Je les transmettrai en utilisant un autre fichier.
ほかのファイルを使って送ってみます。

J'enverrai les photos sur internet par un autre moyen.
インターネットでほかの方法で送信してみます。

❹「ともに祝いましょう」
Nous espérons partager ce bonheur avec vous.

Nous espérons vous inviter pour voir Gaëlla.
ガエラに会いに来てください。

Nous espérons fêter ensemble la naissance de notre fille.
私たちの娘の誕生を一緒に祝いたいです。

---

point ▶▶▶ ポイント

● Vive la vie !
Vive は vivre の接続法現在3人称単数で、間投詞として用いられている。
Vive la France !（フランス万歳！）
Vive les vacances !（バカンス万歳！）
＊文章語では、後続の名詞に数を一致させて vivent とすることもある。

29 「おめでとう！」お祝いを述べる

出産の報告にお祝いのメールを送ります。

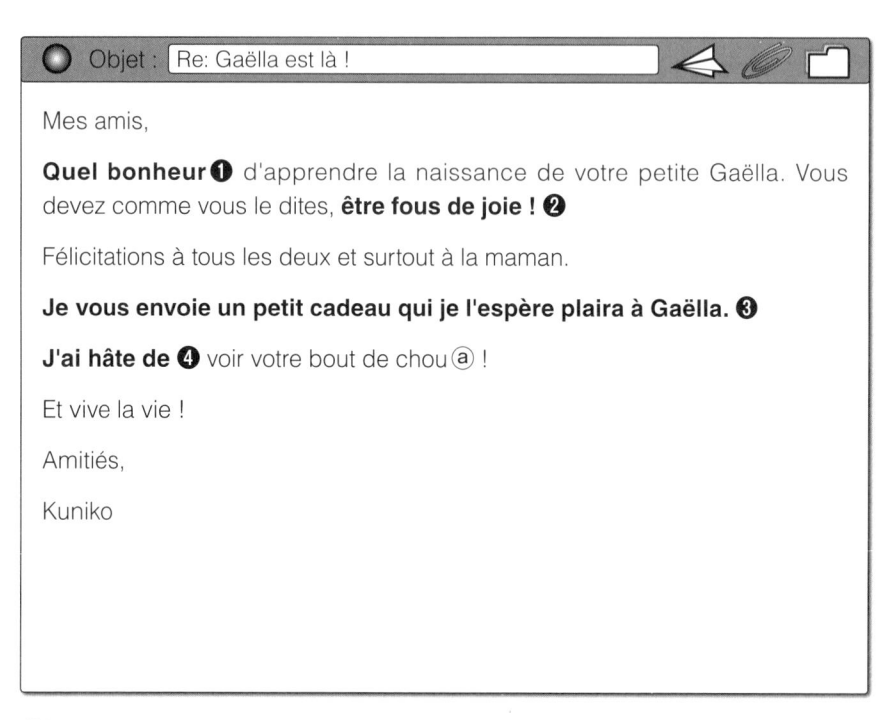

Objet : Re: Gaëlla est là !

Mes amis,

Quel bonheur ❶ d'apprendre la naissance de votre petite Gaëlla. Vous devez comme vous le dites, **être fous de joie ! ❷**

Félicitations à tous les deux et surtout à la maman.

Je vous envoie un petit cadeau qui je l'espère plaira à Gaëlla. ❸

J'ai hâte de ❹ voir votre bout de chou ⓐ !

Et vive la vie !

Amitiés,

Kuniko

件名：Re: ガエラがそこに！

ガエラちゃんの誕生を知って、**とってもうれしいです。❶** あなたからのメールにもあったとおり、あなたたちは**大喜びだったことでしょう。❷**
二人とも、とりわけママ、おめでとう！
ささやかなプレゼントを送ります、**ガエラちゃんに気に入るといいな。❸**
あなたたちの愛娘ⓐに会うのが**待ち遠しいです！❹**
本当に、人生万歳！
友情を込めて。
クニコ

variations » バリエーション

❶ 「とってもうれしい」
Quel bonheur de… !

Quel plaisir de… !
…とはなんという楽しみ！

Quelle joie de… !
…とはなんという喜び！

❷ 「きっと喜んだことでしょう」
Vous devez être fous de joie.

Vous devez avoir un bonheur immense.
計り知れない幸福を感じていることでしょう。

Vous devez avoir une joie sans limite.
限りない喜びを感じていることでしょう。

❸ 「気に入ってもらえるといいのですが」
Je vous envoie un petit cadeau qui je l'espère plaira à Gaëlla.

Je vous envoie un présent que Gaëlla aimera j'en suis sûr.
ガエラが好きであろうと私が確信しているプレゼント。

Je vous envoie un cadeau qui amusera Gaëlla à mon avis.
私の考えではガエラを楽しませることができるプレゼント。

❹ 「…したくてたまらない」
J'ai hâte de…

Je suis pressé de…
早く…したいです。

Je suis impatient de…
…したくてたまりません。

---

point ▶▶▶ ポイント

ⓐ boutは「端、先」、chouは「キャベツ」のこと。un bout de chouで「おちびさん」。話し言葉で、子供や小柄な人に対して使う。
un bout d'homme（小男、無能な男）
un bout de femme（小柄な女性）

30 「合格おめでとう」合格を祝う

友人の息子が大学に合格しました。合格のお祝いメールを送ります。

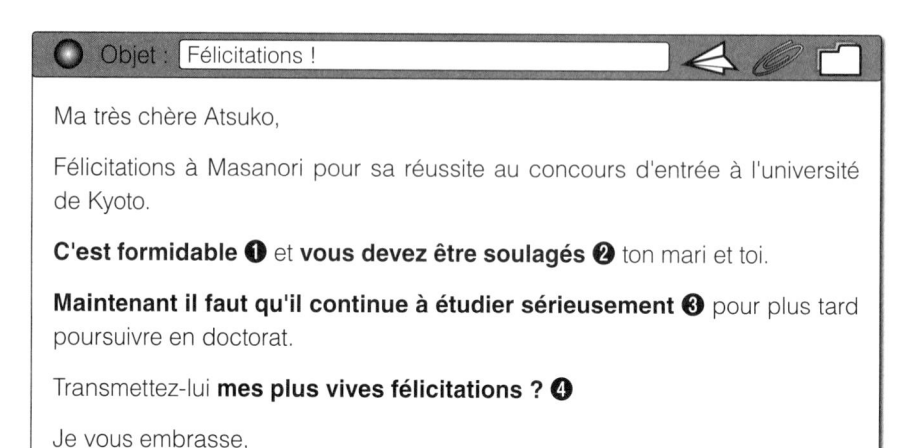

Objet : Félicitations !

Ma très chère Atsuko,

Félicitations à Masanori pour sa réussite au concours d'entrée à l'université de Kyoto.

C'est formidable ❶ et **vous devez être soulagés ❷** ton mari et toi.

Maintenant il faut qu'il continue à étudier sérieusement ❸ pour plus tard poursuivre en doctorat.

Transmettez-lui **mes plus vives félicitations ? ❹**

Je vous embrasse,

Christiane

件名：おめでとう

親愛なるアツコ
マサノリさんの京都大学入学試験合格、おめでとう。
やりましたね。❶あなたもご主人もほっとされていることでしょう。❷
これから真面目に勉強を続けて、ゆくゆくは博士課程まで進んでもらいたいものですね。❸
私の心からのお祝いの気持ちをお伝えください。❹
かしこ
クリスティアンヌ

variations » バリエーション

❶「やったね」
C'est formidable !

C'est magnifique !
それは素晴らしい！

C'est génial !
そりゃすごい！

❷「よかったですね」
Vous devez être soulagés...

Vous n'aurez plus de souci pour ça.
入試に関する心配から解放されたことでしょう。

Les soucis sont derrière vous maintenant qu'il a réussi.
息子さんが合格された今となっては、心配の種もなくなったことでしょう。

❸「…しなければいけません」
Il faut qu'il continue à étudier sérieusement.

Il ne faut pas qu'il se relâche maintenant.
ここで気を抜いてはいけません。

Il doit poursuive sur sa lancée.
この勢いに乗って続けなければいけません。

❹「心からのお祝いを」
Mes plus vives félicitations.

Mes plus chaleureuses félicitations.
真心の込もったお祝いの気持ちを。

Mes félicitations les plus sincères.
真摯なお祝いの気持ちを。

---

point ▶▶▶ ポイント

- 「…によろしくお伝えください」
  Transmettez mes amitiés à M.Renoir.
  (ルノワールさんによろしくお伝えください)
  Veuillez transmettre mon meilleur souvenir à votre père.
  (お父上にくれぐれもよろしくお伝えください)

31 「昇進おめでとう」昇進を祝う

知人の昇進を祝うメールを送ります。

Objet : Promotion

Aurélie,

Je viens d'apprendre que tu as eu une promotion ❶ importante dans ton travail.

Ainsi ❷, tu seras à la tête de toute une équipe qui sera chargée de l'étude de marché pour une nouvelle gamme de produits. **C'est une grande responsabilité avec plus de travail, mais aussi plus de liberté ❸** et bien sûr la possibilité un jour de monter encore plus haut.

Au Japon pour les femmes c'est souvent plus difficile ! ❹

Encore toutes mes félicitations. ⓐ

Amicalement,

Harumi

件名：昇進

オレリー
あなたが仕事でかなりの昇進を果たしたことを知ったところです。❶
それに伴い、❷あなたはチームリーダーとなり、製品の新シリーズの市場調査を担当することになるのですね。重い責任があり、仕事量も増えるでしょうが、より多くの権限が与えられ、もちろん、将来的にはさらなる出世も可能となる❸でしょう。
日本では、女性の出世は、男性に比べて難しいことが多いです。❹
もう一度、おめでとう。ⓐ
じゃあね。
ハルミ

variations » バリエーション

❶「…したところです」
Je viens d'apprendre que tu as eu une promotion.

J'ai juste appris ta nouvelle nomination.
あなたが新しいポストに任命されたことを知ったところです。

On vient de me dire que tu es monté dans la hiérarchie.
あなたが昇進したことを伝え聞いたところです。

❷「それによって…」
Ainsi...

Donc...
したがって…

Alors,...
それだから…

❸「…できるでしょう」
C'est une grande responsabilité avec plus de travail, mais aussi plus de liberté.

Ton travail sera plus difficile mais en même temps tu pourras décider toi-même.
仕事はより大変になるでしょうが、同時に自分で決定を下せるようになるでしょう。

Tu auras plus de contrainte mais également plus d'autonomie.
制約も増すでしょうが、同時に自主性も持つことができるでしょう。

❹「難しいです」
Au Japon pour les femmes c'est souvent plus difficile !

Au Japon les femmes ont plus de mal à trouver un travail avec une grande responsabilité dans la direction.
日本では、女性が組織内で重い責任を伴う仕事に就くのはより困難です。

Ce n'est pas si facile au Japon d'accéder à ce type de poste de responsabilité.
日本では、こうした責任あるポストを獲得するのはそう容易ではないです。

---

point ▶▶▶ ポイント

ⓐ 結びの「Encore toutes mes félicitations.（もう一度おめでとう）」は、「おめでとう」と述べるのははじめてでも、文脈から祝意を表わしているのが明らかなので使えます。

32 「楽しもうぜ」パーティーに誘う

結婚を前に、独身最後の思い出づくりに仲間を誘います。

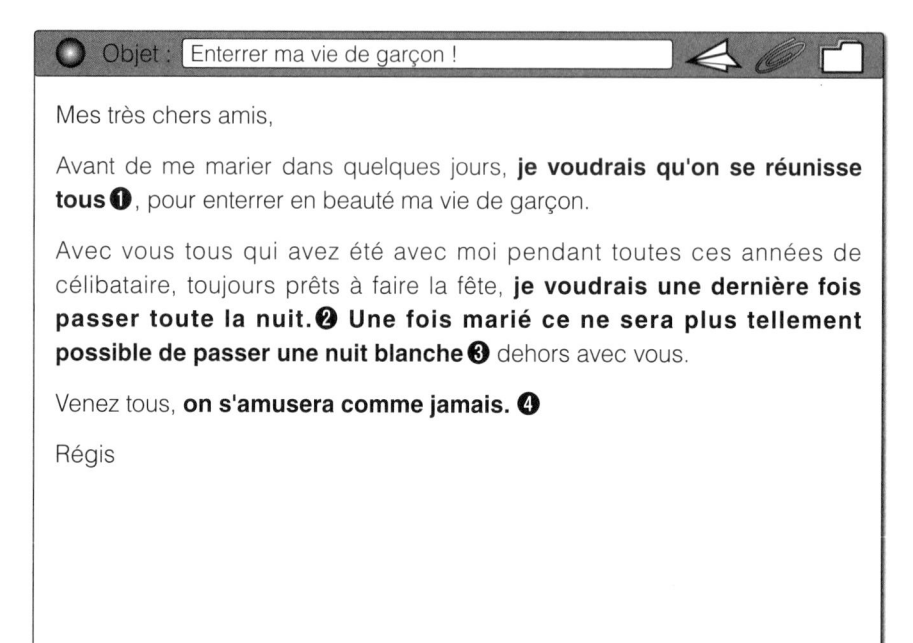

Objet : Enterrer ma vie de garçon !

Mes très chers amis,

Avant de me marier dans quelques jours, **je voudrais qu'on se réunisse tous ❶**, pour enterrer en beauté ma vie de garçon.

Avec vous tous qui avez été avec moi pendant toutes ces années de célibataire, toujours prêts à faire la fête, **je voudrais une dernière fois passer toute la nuit. ❷** Une fois marié ce ne sera plus tellement **possible de passer une nuit blanche ❸** dehors avec vous.

Venez tous, **on s'amusera comme jamais. ❹**

Régis

件名：独身最後のどんちゃん騒ぎをする！

みんな
数日後の結婚を前にして、独身生活にびしっとけりをつけるため、みんなで集まりたいと思います。❶
独身の間、何かがあればいつでも共に祝ってきたみんなと、最後に一晩を過ごしたいと思う。❷
一度結婚してしまったら、みんなと一緒に外で夜更かしするなんてことはなかなか難しくなるだろう。❸
みんな来てくれたまえ、かつてないほど楽しもう。❹
レジス

variations » バリエーション

❶「集まりましょう」
Je voudrais qu'on se réunisse tous.

J'aimerais qu'on se voie tous.
全員で会いたいと思う。

Je souhaiterais nous réunir.
集まりたいのですが。

❷「最後に…したい」
Je voudrais une dernière fois passer toute la nuit avec vous.

Je voudrais encore une fois rester toute la nuit ensemble.
もう一度、一晩一緒にいたいと思う。

Je voudrais pour la dernière fois, passer toute la nuit avec vous tous, en célibataire.
独身の最後に、諸君みんなと一晩を過ごしたいと思う。

❸「一度…したら…」
Une fois marié ce ne sera plus tellement possible de passer une nuit blanche.

Quand je serai marié, je ne pourrai plus rester dehors toute la nuit.
結婚したら、一晩中外にいることはもうできなくなるだろう。

Marié, je serai obligé de rentrer tous les soirs.
結婚後は、毎晩家に帰らなければならないだろう。

❹「みんなで楽しもう」
On s'amusera comme jamais.

On s'amusera encore plus que d'habitude.
今までよりももっと楽しもう。

On s'amusera comme des fous.
桁外れに楽しもう。

---

point ▶▶▶ ポイント

- enterrerを使った表現（terreは「地面」）
  enterrer un trésor（財宝を埋める）
  enterrer qn dans le cimetière（人を墓地に埋葬する）
  enterrer un projet（計画を断念する）
  enterrer sa vie de garçon（(男性が)独身最後の夜を友人たちとばか騒ぎして過ごす）

33 「間違えました」情報を訂正する

結婚披露パーティーの案内に誤りがありました。
間違いを訂正するメールを送ります。

Objet : Rectification

Chers tous,

Le faire-part de mariage ⓐ que nous vous avons envoyé **contient une erreur.** ❶

En effet ⓑ, après la cérémonie, nous nous rendrons au restaurant. **Mais celui-ci ne s'appelle pas « Le Domaine » mais bien « Le Moulin » !** ❷

Pour ceux qui ne viennent pas à la cérémonie à la mairie, **je vous envoie attaché en fichier joint,** ❸ le plan pour se rendre à ce restaurant.

Je rappelle que le déjeuner commence vers les 13 heures ❹ et nous vous y attendons tous pour faire la fête.

À dimanche,

Angélique et Toru

件名：訂正

皆様
お送りした結婚通知ⓐに間違いがありました。❶
というのも、ⓑ式の後、レストランに行くことになっていますが、**そのレストランの名前は「ル・ドメンヌ」ではなく、「ル・ムーラン」です！**❷
役所での式に来られない方々には、**添付ファイルでそのレストランへの行き方を示した地図をお送りします。**❸
食事は13時ごろ始まること、そしてパーティーのためにそのレストランで皆様をお待ちしていることを、もう一度お伝えしておきます。
それでは日曜日に。
アンジェリークとトオル

variations » バリエーション

❶「間違えました」
Le faire-part de mariage contient une erreur.

Il y a une faute sur la carte d'invitation au mariage.
結婚式の招待状に間違いがありました。

Nous nous sommes trompés dans la carte d'invitation.
招待状に誤りがありました。

❷「正しくは…です」
Celui-ci ne s'appelle pas « Le Domaine » mais « Le Moulin » !

Ce n'est pas le restaurant « Le Domaine », mais le restaurant « Le Moulin » !
レストランは「ル・ドメンヌ」ではなく、「ル・ムーラン」です！

Il y une erreur sur le nom du restaurant qui n'est pas « Le Domaine » mais « Le Moulin » !
レストランの名前に誤りがありました、「ル・ドメンヌ」ではなく、「ル・ムーラン」です！

❸「添付で送ります」
Je vous envoie attaché en fichier joint.

Je vous envoie ci-joint attaché.
資料を添付してお送りします。

Je vous fais parvenir en même temps par fichier joint.
添付ファイルも同時に送信します。

❹「…をお伝えしておきます」
Je rappelle que le déjeuner commence vers les 13 heures.

N'oubliez pas que le repas commence environ à 13 heures.
食事は13時頃に始まることを忘れないでください。

Je me répète, mais attention, le déjeuner débute vers les 13 heures.
くり返しておきますが、昼食は13時頃始まります。

---

point ▶▶▶ ポイント

ⓐ envoyer un faire-part「通知状を出す」
　通知状のいろいろ
　　faire-part de mariage　　　結婚通知
　　faire-part de naissance　　 出産通知
　　faire-part de décès　　　　 死亡通知

ⓑ en effet「というのも」
　Cette voiture me plaît beaucoup, en effet, elle est rapide et confortable.
　（この車、とても気に入りました。スピードも出るし、乗り心地もいいですから）

34 「添付ファイルが開けません」再送を依頼する

✉ 33 に返信して、ほかの方法での再送を依頼します。

Objet : Re: Rectification

Très cher Olivier,

Je n'arrive pas à ouvrir ton fichier en pièce jointe❶ qui donne le plan d'accès au restaurant « Le Moulin ». Tu sais que **je ne suis pas très douée pour l'ordinateur.❷**

Pourrais-tu m'envoyer ce plan de manière plus simple pour moi ?❸

Je ne viendrai qu'au restaurant et avec un peu de retard. Mes parents arrivent le matin à 4 h 30 de Tokyo et je dois les accueillir à Roissy.❹

Merci encore de ton aimable invitation.

À dimanche,

Himiko

件名：Re: 訂正

親愛なるオリヴィエ

レストラン「ル・ムーラン」への行き方を示す地図の**添付ファイルが開けません。❶** ご承知のとおり、私はパソコンがあまり得意ではありません。❷
私にはもっとシンプルな方法で地図を送ってくれませんか?❸
レストランからの出席で、しかも少し遅れます。両親が東京から朝の4時30分に着くので、**ロワシー（空港）に迎えに行かなければならないのです。❹**
ご招待には本当に感謝しています。
それでは日曜日に。
ヒミコ

variations » バリエーション

❶「ファイルが開きません」
Je n'arrive pas à ouvrir ton fichier en pièce jointe.

Je clique sur ton fichier joint, mais il ne s'ouvre pas.
添付ファイルをクリックしてみましたが、開きません。

Pas moyen d'ouvrir la pièce jointe.
添付書類を開くことができません。

❷「…は得意ではありません」
Je ne suis pas très doué pour l'ordinateur.

Je ne sais pas bien comment utiliser l'ordinateur.
パソコンをどう操作したらいいのか、よくわかりません。

Utiliser l'ordinateur, pour moi c'est compliqué.
パソコンの操作は、私にとっては複雑です。

❸「ほかの方法で送ってください」
Pourrais-tu m'envoyer ce plan de manière plus simple ?

Envoie-moi le plan pour que je puisse l'ouvrir facilement.
簡単にファイルが開けられるように地図を送ってください。

Envoie-moi ce plan directement sur ma messagerie.
メールに直接、地図を送ってください。

❹「…しなければなりません」
Je dois accueillir mes parents à Roissy.

Je dois aller chercher mes parents à l'aéroport Roissy.
ロワシー空港に両親を迎えに行かなければならないのです。

Je suis pris, car j'attends mes parents à Roissy.
ロワシー（空港）で両親を待つという用事があるのです。

---

point ▶▶▶ ポイント

● 限定表現 ne...que... 「…しか…ない」
Ils ne mangent que des légumes.
（彼らは野菜しか食べない）
Il n'a laissé sa fortune qu'à sa nièce.
（彼は姪にしか財産を残さなかった）
Je n'ai que dix euros sur moi.
（10ユーロしか持ち合わせがない）

35 「ご多幸をお祈りします」クリスマスと新年を祝う

クリスマスのお祝いをします。

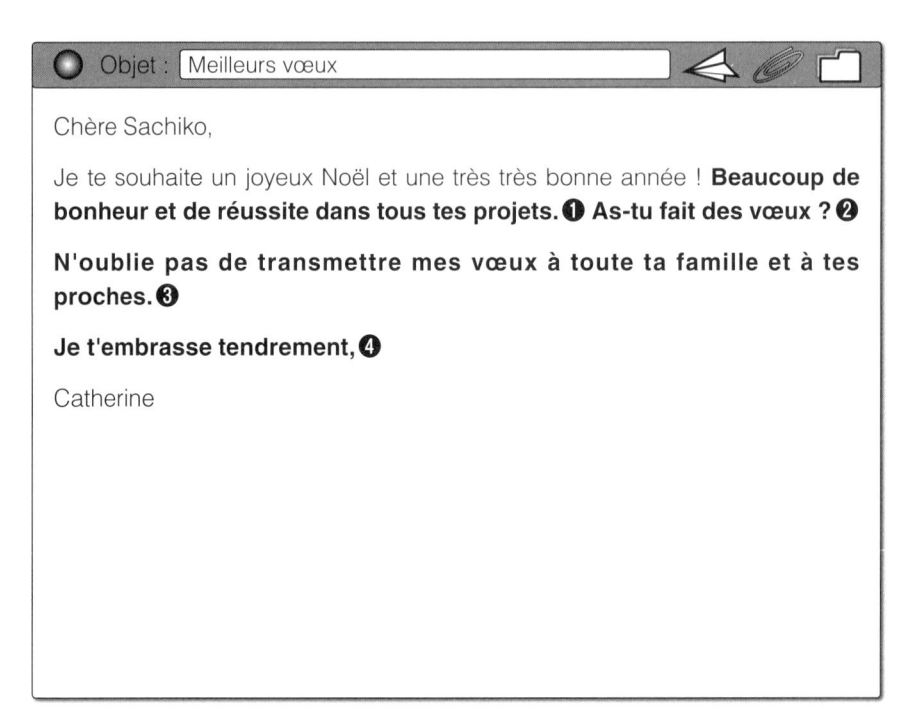

Objet : Meilleurs vœux

Chère Sachiko,

Je te souhaite un joyeux Noël et une très très bonne année ! **Beaucoup de bonheur et de réussite dans tous tes projets.** ❶ **As-tu fait des vœux ?** ❷

N'oublie pas de transmettre mes vœux à toute ta famille et à tes proches. ❸

Je t'embrasse tendrement, ❹

Catherine

件名：ご多幸をお祈りします

親愛なるサチコ

メリークリスマス、そして新年おめでとう！　たくさんの幸せと計画したことがすべて成功するようにお祈りします。❶　誓いを立てましたか？❷
ご家族の皆様、そして親しい方々にくれぐれもよろしくお伝えください。❸
かしこ❹
カトリーヌ

2 プライベートのメール

variations 》 バリエーション

❶「ご多幸をお祈りします」
Beaucoup de bonheur et de réussite dans tes projets.

Je te souhaite d'être heureuse et de réussir dans ce que tu entreprendras.
幸福であることと、あなたがやろうとすることがすべてうまくいくようにお祈りします。

Je te souhaite le meilleur en tout.
万事において最良でありますように。

❷「誓い（抱負）を立てましたか？」
As-tu fait des vœux ?

Tu as pensé à ce que tu voudrais cette année ?
今年何をするつもりか考えましたか？

Tu t'es promis de changer des choses dans ta vie ?
生活を変える決心をしましたか？

❸「よろしくお伝えください」
N'oublie pas de transmettre mes vœux à ta famille et à tes proches.

Joyeux Noël et bonne année aussi à ta famille et à tes amis.
あなたのご家族、そしてお友達にもメリークリスマス、そして新年おめでとう。

Mes vœux aussi à ta famille et à ceux qui te sont proches.
あなたのご家族、そして近しい人々に私のあいさつを伝えてください。

❹「友情を込めて」
Je t'embrasse tendrement.

Je t'embrasse de tout mon cœur.
心より。

Je t'embrasse avec toute mon amitié.
友情を込めて。

---

point ▶▶▶ ポイント

- 「おめでとう」の表現
  Bon anniversaire !（お誕生日おめでとう！）
  Joyeuses Pâques !（復活祭おめでとう！）
  Toutes mes félicitations pour votre succès !（ご成功おめでとう！）
- 「誓いを立てる、抱負を言う」の表現
  faire des vœux
  exprimer sa résolution

36 「私からも…」返事をする

✉ 35 に返信して、新年のあいさつを述べます。

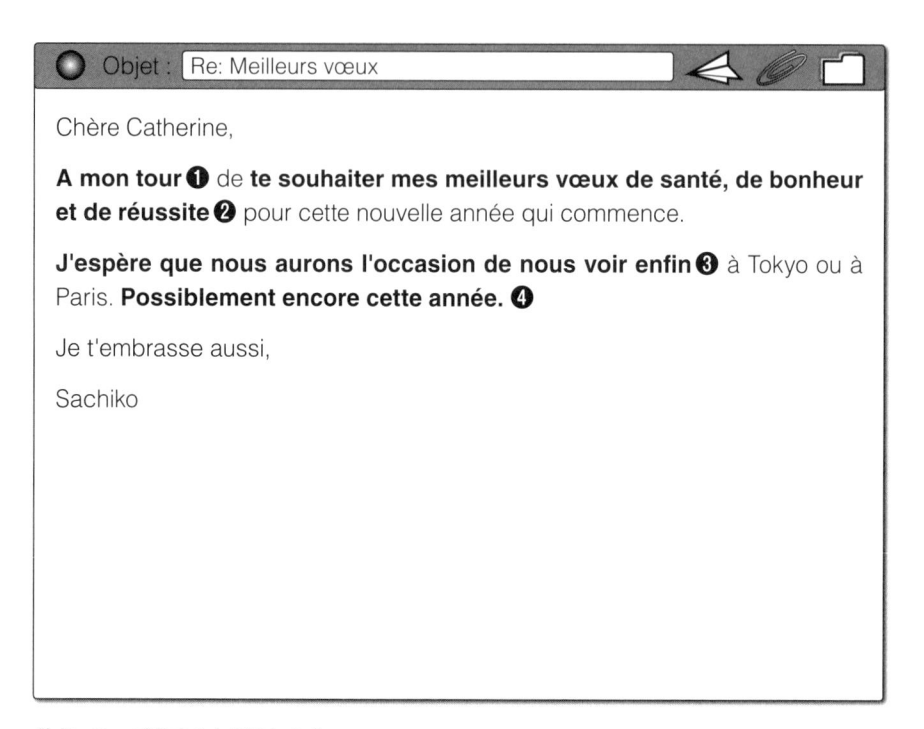

○ Objet : Re: Meilleurs vœux

Chère Catherine,

A mon tour ❶ de **te souhaiter mes meilleurs vœux de santé, de bonheur et de réussite ❷** pour cette nouvelle année qui commence.

J'espère que nous aurons l'occasion de nous voir enfin ❸ à Tokyo ou à Paris. **Possiblement encore cette année. ❹**

Je t'embrasse aussi,

Sachiko

件名：Re: ご多幸をお祈りします

親愛なるカトリーヌ
今度は私から❶新年のごあいさつ。新しい年の健康、幸福、そして**成功をお祈りします。❷**
今年中に❹東京、あるいはパリで**お目にかかる機会がありますように。❸**
かしこ
サチコ

2 プライベートのメール

variations » バリエーション

❶「私からも…します」
À mon tour...

Moi aussi...
私からも…。

Moi de même...
私からも同様に…。

❷「…をお祈りします」
Je te souhaite mes meilleurs vœux de réussite.

Je te souhaite d'avoir du succès dans ton travail.
仕事がうまくいくようにお祈りします。

Je te souhaite de réussir dans tes projets.
あなたがやろうとすることが実現するようにお祈りします。

❸「会えるといいですね」
J'espère que nous aurons l'occasion de nous voir enfin.

J'espère quand même qu'on pourra se rencontrer.
会えることを期待しています。

Que cette année nous donne finalement l'occasion de nous retrouver.
ついには今年が私たちに再会の機会を与えてくださいますように。

❹「今年中には」
Possiblement encore cette année.

J'espère pendant cette année.
今年中に。

Au moins avant l'année prochaine.
遅くとも来年までに。

---

point ▶▶▶ ポイント

- espérerの用法
  espérer qc「事物を希望する、期待する」
  J'espère une augmentation de salaire.（私は賃上げを希望する）
  espérer ＋不定詞「…することを期待する、…できると思う」
  J'espère réussir.（私は成功できると思っている）
  espérer que ＋直説法「…することを期待する、…と思う」
  J'espère que tout ira bien.（私は万事いまくいくだろうと思っている）

37 「誕生日おめでとう」誕生日を祝う

誕生日を祝うメールです。

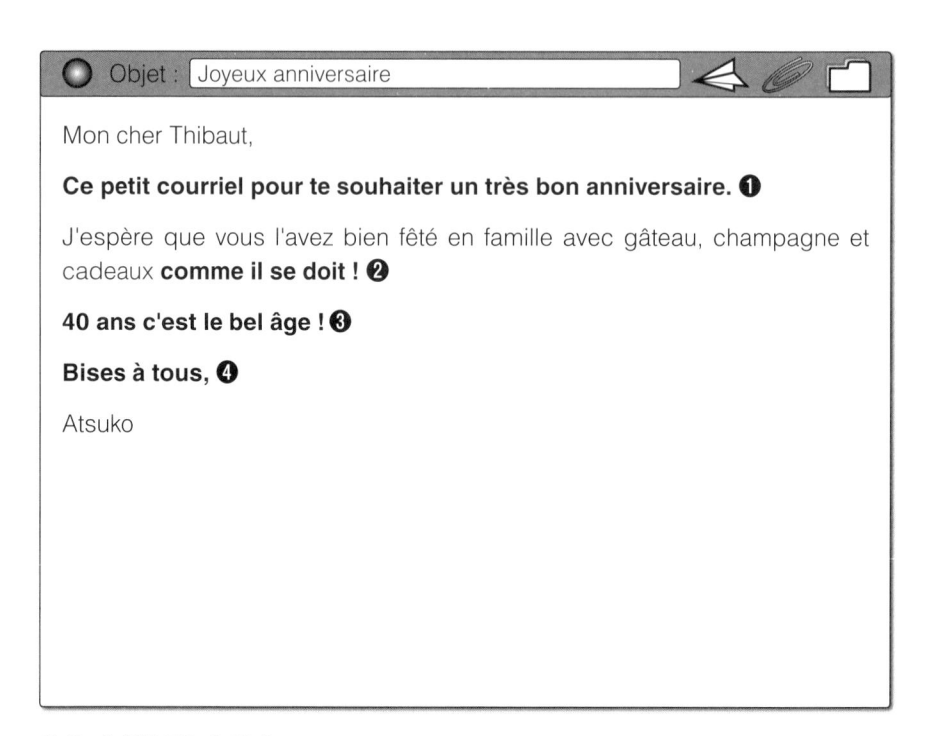

Objet : Joyeux anniversaire

Mon cher Thibaut,

Ce petit courriel pour te souhaiter un très bon anniversaire. ❶

J'espère que vous l'avez bien fêté en famille avec gâteau, champagne et cadeaux **comme il se doit !** ❷

40 ans c'est le bel âge ! ❸

Bises à tous, ❹

Atsuko

件名：お誕生日おめでとう

親愛なるティボー
あなたの誕生日をお祝いするためにメールしています。❶
当然のことながら、❷家族でケーキ、シャンパン、プレゼント…と誕生日をお祝いしたことと思います。
40歳、すてきな年齢です！❸
みなさんによろしく。❹
アツコ

variations » バリエーション

❶「…のためにメールします」
Ce petit courriel pour te souhaiter un très bon anniversaire.

Ce petit message pour ton anniversaire.
あなたの誕生日をお祝いするための短いメッセージを送ります。

Ces simples mots pour te souhaiter le meilleur pour ton anniversaire.
最良の誕生日をお祝いするための短い言葉を送ります。

❷「当然のことながら」
Comme il se doit !

Selon la tradition !
習わしによって！

Comme tout le monde !
みんなと同じように！

❸「いい年齢です」
40 ans c'est le bel âge !

40 ans, c'est magnifique !
40歳、素晴らしい！

40 ans c'est l'âge où on peut encore tout faire !
40歳、まだまだ何でもできる年齢です！

❹「みなさんによろしく」
Bises à tous.

Je vous embrasse tous.
みなさんによろしくお伝えください。

Gros bisous à tout le monde.
みんなによろしく。

---

point ▶ ▶ ▶ ポイント

- 形容詞の男性第2形
  男性第2形とは、後の名詞が母音字 (a, e, i, o, u) あるいは母音字扱いのhで始まる男性単数の場合に用いられる形。
  le beau garçon (美少年), le bel âge (いい年齢), la Belle Époque (ベル・エポック) など

38 「もう一緒にいられません」別れを告げる

しつこい相手に別れのメールを送ります。

Objet : Rupture

Arrête de m'envoyer sans cesse des SMS. ❶ Je suis fatiguée de toi, Thomas. ❷ Notre relation ne peut pas continuer. Tu es trop dépendant de moi, à sans cesse me demander de t'aider pour tous tes problèmes matériels.

Je comprends que vivre au Japon pour toi n'est pas facile ❸, mais je ne m'amuse plus avec toi. Maintenant j'ai un petit ami japonais. **Alors, tu dois comprendre que c'est fini entre nous. ❹ⓑ**

Hanae

件名：絶交

私に休みなくショートメッセージを送るのはやめて。❶ トーマ、あなたにはもううんざり。❷ 私たちはもう駄目です。あなたは私に頼り過ぎ。何か問題があると、そのたびに私に助けを求める。
あなたにとって日本で暮らすことが容易でないのはわかります。❸ でももうあなたとは付き合いません。私には日本人の恋人ができました。**私たちの関係ⓑはもう終わったの、わかってちょうだい。❹**

ハナエ

variations » バリエーション

❶「もう連絡しないで」
Arrête de m'envoyer sans cesse des SMS.

Ne m'envoie plus tes habituels SMS.
いつものショートメッセージをもう私に送らないで。

Cesse de me bombarder ⓐ de SMS !
私をショートメッセージ責めにするのはもうやめて！

❷「もう一緒にいられません」
Je suis fatigué de toi, Thomas.

Je n'ai plus envie d'être avec toi.
もうあなたと一緒にいたくありません。

Je suis lassé de toi.
あなたには嫌気が差しています。

❸「もちろん…です」
Je comprends que vivre au Japon pour toi n'est pas facile.

Bien sûr pour un étranger la vie au Japon n'est pas facile.
もちろん、外国人にとって日本での生活は容易ではありません。

Vivre au Japon pour toi c'est naturellement difficile.
あなたにとって日本で暮らすことが困難なのは当然です。

❹「つまり…」
Alors, tu dois comprendre que c'est fini entre nous.

Notre relation est donc finie.
つまり私たちの関係は終わったってこと。

Je ne veux plus te revoir.
もうあなたには会いたくありません。

---

point ▶▶▶ ポイント

ⓐ bombarder「爆撃する、砲撃する」
  bombarder qn de lettres [de coups de téléphone, de méls, de questions]
  「人を手紙[電話、メール、質問]責めにする」

ⓑ entre nous
  「私たちの間」「二人の間」のほかに、「ここだけ[内輪]の話だが」（＝soit dit entre nous）の意もある。

39 「…の連絡先を教えてください」情報提供を依頼する

久しぶりの友達への連絡。情報を求める依頼の内容となっています。

Objet : Adresse électronique

Salut Arthur,

Tu vas bien ? **On est déjà en février,❶** comme le temps passe vite ! **Tes études marchent bien ?❷**

En parlant d'études,❸ je dois contacter M. Delfond responsable des échanges internationaux. **Je compte** en effet **étudier en France❹** l'année prochaine. Pourrais-tu me donner son adresse électronique ? Merci d'avance.

Au fait, après tes études, tu ne voudrais pas venir travailler au Japon ?

Amitiés,

Junko

件名：メールアドレス

こんにちは、アルテュール
元気？　もう2月、❶時がたつのはなんて早いんでしょう！　勉強はうまくいってる？❷
勉強といえば、❸国際関係の主任であるデルフォン氏とコンタクトをとらなければなりません。実は、来年フランスで勉強しようと思っているんです。❹　デルフォン氏のメールアドレスを教えてくださいませんか？　よろしくお願いします。
ところで、卒業したら、日本に仕事をしに来ませんか？
友情を込めて。
ジュンコ

variations 》 バリエーション

❶「もう…月です」
On est déjà en février.

Février est déjà là.
もう2月になってしまいました。

Février est arrivé si vite !
あっという間に2月です！

❷「はかどってる？」
Tes études marchent bien ?

Tes études vont bien ?
勉強ははかどってますか？

Pour tes études tout se déroule bien ?
勉強に関しては、すべて順調ですか？

❸「…といえば」
En parlant d'études…

À propos d'études…
勉強についてですが…

En ce qui concerne les études…
勉強に関してですが…

❹「…するつもりです」
Je compte étudier en France.

J'ai l'intention d'étudier en France.
フランスで勉強するつもりです。

J'ai pris la décision d'étudier en France.
フランスで勉強しようと決めました。

---

point ▶▶▶ ポイント

● 「元気です」さまざまな言い方
　Je vais bien.
　Je me porte bien.
　Je suis en bonne santé.
　Je suis bien portant(e).

40 「これがアドレスです」アドレスを教える

✉ 39 に返信して、近況とメールアドレスを伝えます。

Objet : Re: Adresse électronique

Chère Junko,

Oui c'est vrai le temps passe vite et **je suis en retard dans mes révisions ❶** pour les partiels.

Je voudrais aussi commencer à travailler **dès les examens de fin d'année passés. ❷** Travailler au Japon, **je ne dirais pas non. ❸** Mais il faudrait que ce soit une société en relation avec la France, par exemple dans l'import-export.

Ah oui, voilà l'adresse mél du professeur Delfond Maurice : mauricedelfon@vincennes.edu.fr

Contacte-le au plus vite, ❹ il t'expliquera tout en détail.

Amitiés,

Arthur

件名：Re: メールアドレス

親愛なるジュンコ

うん、本当に時のたつのは早いね、僕は中間試験のための**復習で遅れをとってしまってる❶**んだ。**期末試験が終わったら❷**すぐに働き始めたいと思っている。日本で働くことに関しては、**望まないわけではありません。❸** でもフランスと関係のある会社に限ります、たとえば輸出入関連。
あっそうだ、モーリス・デルフォン教授のメールアドレスでしたよね：
mauricedelfon@vincennes.edu.fr
できるだけ早くコンタクトをとってください、❹教授がすべて詳しく説明してくれるでしょう。
よろしく。
アルテュール

variations » バリエーション

❶「遅れています」
Je suis en retard dans mes révisions.

J'ai à peine commencé à réviser.
僕は復習を始めたばかりです。

Je ne suis pas du tout mon planning de révision.
復習計画にまったくついていってません。

❷「…したらすぐ」
Dès les examens de fin d'année passés.

Tout de suite après la fin des examens de juin.
6月の試験終了後すぐに。

Aussitôt les examens d'été finis.
夏の試験が終わったらすぐに。

❸「望まないわけではありません」
Je ne dirais pas non.

Je serais assez d'accord.
承知するかもしれない。

Je ne refuserais pas.
断りはしないでしょう。

❹「早めに連絡してください」
Contacte-le au plus vite.

Envoie-lui rapidement un courriel.
急いでメールを送ってください。

Ecris-lui très vite un mél.
すぐにメールを書いてください。

---

point ▶▶▶ ポイント

● 試験の種類
- (un) partiel　　　　　　　　　　　　（学年途中の）小テスト
- (un) examen de fin d'année　　　　　学期末試験
- (un) examen de passage　　　　　　　進級試験
- (un) examen de sortie (de fin d'études)　卒業試験
- (un) concours d'entrée　　　　　　　入学試験

＊examenが、一定の点数をとれば合格となるのに対し、concoursは、合格者数があらかじめ決められている選抜試験を指す。

41 「大丈夫ですか？」被災の状況を尋ねる

ニュースで自然災害の報道を見ました。被災地の状況を心配するメールを書きます。

Objet : Inondations

Mon cher Robert,

Je viens d'apprendre qu'**il y a eu des inondations causées par des pluies torrentielles❶** qui se sont abattues sur ta région, dans le Gard et l'Hérault. **Elles ont gonflé les rivières qui rapidement sont sorties de leur lit. ❷**

D'après la télévision japonaise, il y a eu de gros dégâts matériels mais heureusement pas de victimes.

J'espère qu'en ce qui te concerne, les dommages ne sont pas trop importants.❸ Mais j'aimerais vite être rassuré. Aussi, **envoie-moi un mél car je me fais du souci pour toute ta famille. ❹**

Je pense à vous, et vous envoie toutes mes amitiés,

Kazuma

件名：洪水

親愛なるロベール
豪雨が原因で洪水が起きた❶ことを知ったところです。洪水はあなたが住んでいる地域、ガール県とエロー県を襲ったそうですね。**雨で川が増水し、あっという間に氾濫したとか。❷**
日本のテレビによれば、大きな被害はあったものの、幸い犠牲者はなかった、とのことですが。**あなたに関しては、被害が甚大でないことを祈ります。❸**　とにかく早く安心したいので、**メールをください。ご家族みなさんのことが心配です。❹**
あなた方の無事を祈ります。
カズマ

variations　»　バリエーション

❶「洪水が起きました」
Il y a eu des inondations causées par des pluies torrentielles.

Les pluies très abondantes ont provoqué des inondations.
ひじょうにたくさん降った雨が洪水を引き起こした。

Il a tellement plu que les rivières ont inondé la région.
あまりにたくさん雨が降ったので、川が氾濫して、一帯を水浸しにした。

❷「川が氾濫しました」
Elles ont gonflé les rivières qui sont sorties de leur lit.

Les pluies ont fait monter le niveau des cours d'eau qui ont finalement débordé.
雨で河川の水位が上がり、ついに氾濫した。

Les rivières alimentées par l'eau de pluie, sont en crue.
雨水が流れ込んだため河川が増水した。

❸「無事を祈ります」
J'espère qu'en ce qui te concerne, les dommages ne sont pas trop importants.

J'espère que pour toi les dégâts matériels ne sont pas graves.
あなたにとって、物的損害が重大でないことを祈ります。

J'espère que la maison n'est pas trop abîmée.
家が壊滅状態でないことを祈ります。

❹「メールください」
Envoie-moi un mél car je me fais du souci pour toute ta famille.

J'attends un mél car je m'inquiète pour vous tous.
あなた方全員のことが心配なので、メールを待ってます。

J'ai peur pour la famille, aussi donne-moi des nouvelles par mél.
ご家族のことが気がかりです、メールで近況を知らせてください。

---

point ▶▶▶ ポイント

● 天災の種類

(un) typhon	台風
(une) inondation	洪水
(un) tremblement de terre	地震
(un) raz de marée	津波
(de) grandes chaleurs	猛暑
(une) grande chute de neige	大雪
(une) tempête de neige	吹雪

42 「心配しています」安否確認

詳しい情報を求めるメールを出します。

○ Objet : Tempêtes de neige

Cher François,

Hier nous avons vu un reportage sur **l'Est de la France qui a subi de très violentes tempêtes de neige❶** lesquelles ont **bloqué la circulation et coupé l'électricité. ❷**

Je m'inquiète pour toute ta famille. ❸

Est-ce que vous avez pu aller travailler ? Y a-t-il des dégâts chez vous ?

Nous attendons rapidement de tes nouvelles. ❹

Tes amis japonais qui s'inquiètent,

Harumi, Hisao, Haru, Kaoru, etc.

件名：吹雪

親愛なるフランソワ
昨日、**猛吹雪に見舞われたフランス東部❶**の報道番組を見ました。**交通が遮断され、停電しているとのこと。❷**
ご家族みなさんのことが心配です。❸
職場に行くことはできますか？　お宅で被害は出ているのでしょうか？
あなたからの早い知らせを待っています。❹
日本にいる友達が心配しています。
ハルミ、ヒサオ、ハル、カオルほか

2 プライベートのメール

variations 》 バリエーション

❶「大雪が降った」
L'Est de la France a subi de très violentes tempêtes de neige.

Il a neigé très fortement dans l'Est de la France.
フランス東部で大雪が降った。

La neige est tombée en grande quantité et rapidement.
短時間に大量の雪が降った。

❷「孤立した」
Les tempêtes de neige ont bloqué la circulation et coupé l'électricité.

La neige empêchait toute circulation et il n'y avait plus d'électricité.
雪が通行を妨げ、停電した。

La région a l'air coupé du monde.
地域は孤立した状態にある。

❸「ご無事ですか？」
Je m'inquiète pour toute ta famille.

Ta famille n'a pas été trop durement touchée ?
ご家族の被害は甚大なものではありませんか？

Rassure-nous sur ta famille car nous sommes soucieux.
心配しているので、ご家族のことに関して私たちを安心させてください。

❹「連絡ください」
Nous attendons rapidement de tes nouvelles.

Nous sommes impatients de savoir ce qui se passe pour toi.
あなたの身に何が起きているのか早く知りたいです。

Donne-nous le plus vite possible des nouvelles.
できるかぎり早く、状況を知らせてください。

---

point ▶▶▶ ポイント

● 関係代名詞複合形　lequel,　　laquelle,　　lesquels,　　lesquelles
　　　　　　　　　（男性・単数）（女性・単数）（男性・複数）（女性・複数）

la mère de Pierre, laquelle est en Italie.（イタリアにいるピエールのお母さん）
＊quiを用いることもできる。

le voyage auquel je pense toujours （私がいつも考えている旅）
＊先行詞が事物で、前置詞とともに補語として用いる場合、関係代名詞複合形しか使えない。

43 「お心遣いに感謝します」状況を伝える

✉ 42 に返信します。

Objet : Re: Tempêtes de neige

Mes amis,

Votre inquiétude me touche profondément.

Cela fait des années en effet qu'une telle masse de neige ne s'était abattue sur la région.❶ C'était assez incroyable même pour nous les Alsaciens pourtant habitués à la neige.❷

La maison s'est retrouvée plusieurs jours dans le noir complet et nous avons vécu avec des bougies. C'était finalement une expérience enrichissante et les soirées étaient presque romantiques.

La maison n'a rien et nous aussi sommes en bonne santé.❸ Mais dans le village certaines toitures se sont effondrées sous le poids du manteau neigeux.

Merci à tous de vous être souciés de nous.

Au plaisir de se revoir bientôt en France ou au Japon,❹

François

件名：Re：吹雪

皆様
お心遣いに深く感謝いたします。
これほどの雪がこの地域に降ったのは、確かにここ何年もなかったことです。❶ 雪に慣れている私たちアルザスの人間にとっても信じられないことでした。
家は何日もの間、真っ暗闇に包まれ、❷ろうそくをともして過ごしました。結果的には心を豊かにする経験となり、夜はロマンチックとさえ呼べるものでした。
建物は被害を受けず、私たちも無事です。❸ でも、近くでは、積もった雪の重みで屋根が崩れ落ちた家もあります。
皆様、私たちのことを心配してくれてありがとう。
近いうちにフランスか日本で再会する日を楽しみに。❹
フランソワ

variations » バリエーション

❶「久々の大雪！」
Cela fait des années en effet qu'une telle masse de neige ne s'était abattue sur la région.

Il y a longtemps qu'il n'a pas neigé comme cela.
こんなに雪が降ったのは久し振りです。

Une telle neige, ça fait des années qu'on n'a pas vu ça.
こんな大雪、ここ何年も見たことがありません。

❷「…は信じられないことでした」
C'était assez incroyable même pour nous les Alsaciens pourtant habitués à la neige.

Bien qu'Alsaciens et donc habitués à des hivers neigeux, nous sommes quand même surpris.
アルザスの人間、つまり雪の多い冬に慣れている我々にとっても、それは驚きでした。

Les Alsaciens ne craignent pas la neige qui tombe tous les hivers, mais là c'est exceptionnel !
アルザスの人間は毎冬降っている雪などおそれていませんが、今回は例外でした。

❸「…は無事でした」
La maison n'a rien et nous aussi sommes en bonne santé.

La maison n'a subi aucun dégât et pour nous pas de problème.
建物には何の損傷もなく、私たちも問題ありません。

La maison est intacte et nous sommes en bonne santé.
家は無傷で、私たちの体調は良好です。

❹「再会楽しみにしています」
Au plaisir de se revoir bientôt en France ou au Japon.

En espérant se retrouver rapidement en France ou au Japon.
すぐにフランスか日本で再会できることを期待して。

A bientôt, chez nous ou chez vous.
近いうちに、こちらフランスかそちら日本で。

---

point ▶▶▶ ポイント

- ne単独で否定を表す場合
  Cela fait des années que...の後では、ne単独で否定を表すことがある。ただし、従属節の時制は複合時制に限られる。il y a ... que, voilà ... queなどの後も同様。
  *単純時制の場合は、ne ... pas (plus) を用いる。
  Ça fait des années que je ne le vois pas (plus).
  （もう何年も彼に会っていない）

44 「フェイスブックであなたを探しました」
フェイスブックに招待する

ソーシャルネットワークサービスに友人を招待します。

Objet : Facebook

Tomoe,

Comment vas-tu? **Je t'ai cherchée sur facebook❶** mais tu n'y es apparemment pas inscrite pour l'instant. Peut-être que tu ne connais pas encore.
C'est un super site❷ qui te permet de partager pleins de choses avec tes amis sur internet. Tu peux y mettre tes photos, discuter avec tes amis, leur envoyer des messages ou des chansons et vidéos. C'est très pratique pour rester en contact avec tes amis partout dans le monde.

Si ça te tente,❸ voilà comment t'inscrire :
- va sur le site www.facebook.com
- clique sur "s'inscrire"
- **il ne te reste plus qu'à suivre les instructions❹**

Une fois ton compte créé, tu peux chercher tes amis qui ont déjà un compte facebook par le moteur de recherche du site, et attendre leur réponse. C'est très simple !

Je t'attends sur facebook !

Ta copine Lucile

件名:フェイスブック

トモエへ

元気？　フェイスブックであなたを探しました❶が、今のところ、登録されていないようですね。たぶん、あなたはまだ知らないのでしょう。
それはもう素晴らしいサイトなんです。❷　インターネット上で友達と多くの情報を共有することを可能にしてくれます。そこに撮った写真を掲載したり、友達と議論したり、メッセージや音楽や動画を送ることもできます。世界中どこにいても友達とつながっていることができるので、と

ても便利です。

そそられた？❸　登録の仕方はこうよ：

—www.facebook.comというサイトに行く

—「登録」をクリックする

—あとは指示に従うだけ❹

一度登録されたら、すでにフェイスブックに登録している友達を検索して、返事を待つことができます。とっても簡単！

それじゃ、フェイスブックで待ってるわね！

友達のリュシルより

variations　»　バリエーション

❶「フェイスブックで見つかりません」
Je t'ai cherché sur facebook mais…

Je ne t'ai pas trouvé sur facebook.
フェイスブックにあなたが見つかりません。

Ton profil n'apparaît pas sur facebook.
あなたのプロフィールがフェイスブックにありません。

❷「素晴らしいんです」
C'est un super site.

C'est un site incroyable.
それは信じられないようなサイトなんです。

C'est un site formidable.
それは最高のサイトなんです。

❸「興味ある？」
Si ça te tente…

Si tu es intéressé…
もし興味があったら…。

Si tu as envie de t'inscrire…
もし登録したいと思ったなら…。

❹「あとは…するだけ」
Il ne te reste plus qu'à suivre les instructions.

Après c'est facile, il suffit de lire les instructions.
あとは簡単、指示を読めばいいだけ。

A partir de là, suis simplement les indications.
そこからは指示に従うのみ。

ショートメッセージ・ダイアローグ例

45.「何してるの？」

Kestufé je tatan 2puis 10 mn　Rstp tv1　13 NRV
(Qu'est-ce que tu fais, j' t'attends depuis 10 minutes ? Réponds s'il te plaît.　Tu viens ? Je suis très énervé.)

何してるの、10分も待ってるよ？　返信して。来るの？　僕はすごくイラついてるよ。

1posibl 2L8 Js8KC
(Impossible, too late, je suis cassée.)

不可能、遅すぎる、私はもう疲れちゃった。

Keskiya
(Qu'est-ce qu'il y a ?)

どうしたの？

:-# @ 2m1 JtM
(Je ne peux pas le dire.　À demain. Je t'aime.)

それは言えないわ。また明日。愛してる。

46.「こっちは元気です」

tu va b1 ? Koid9 alakas jvb1
(Tu vas bien ? Quoi de neuf à la maison ? Je vais bien.)

元気ですか？　家で何か変わったことは？　こっちは元気です。

G1pb
(J'ai un problème.)

悩みごとがあります。

quid
(que se passe-t-il ?)

どうしたの？

taf RLB jenéma G la N
(Travail, ras le bol, j'en ai marre, j'ai la haine. [=J'en ai assez de mon travail, je hais ça.])

仕事はもううんざり、仕事が嫌いです。

47 「今は無理」

Je te SMS RST
(Je t'envoie un SMS. Réponds s'il te plaît.)

ショートメッセージを送ります。返信してください。

1posibl js8 au taf. A12C4 DZL
(Impossible je suis au travail. A un de ces quatre [=jours]. Désolé.)

無理です、仕事中。また近いうちに。申し訳ない。

='(:-(bonboulo bzoo
(Je pleure, je suis triste. Bon travail. Bisous.)

泣いてます、悲しいです、しっかり仕事してください。キス。

48 「映画、どう？」

Slt toi! ☺ cv ? Ca fai longtemps qon s'est pa vu ! JSPRktuvab1. T dispo pr 1 ciné 2m1 soir ?
(Salut toi ! ça va ? Ça fait longtemps qu'on s'est pas vu. J'espère que tu vas bien. T'es disponible pour un ciné demain soir ? [=Tu es libre pour aller au cinéma demain soir ?])

やあ！ 元気？ 長いこと会ってないね。元気にやってることと思う。明日の晩、映画に行く暇ある？

Cc ! Dsl, je serai ac mon cop1 2m1 soir, on se fé 1 soirée PPR ché l8. Ms chui libre 2day si tu veux !
(Coucou ! Désolée, je serai avec mon copain demain soir, on se fait une soirée pépère chez lui. [=on reste tranquillement chez lui.] Mais je suis libre aujourd'hui si tu veux.)

やあ！ ゴメン、明日の晩はカレと一緒で、カレの家でゆっくりすることになってるの。でも、もしよければ、今日は暇よ。

49 「いいね！」

T'as vu le nvo mek au lycée ? On a discuT IR et il m'a 1viT à prendre un Kfé ! Chui tro ErEZ !!! :D
(T'as vu le nouveau mec au lycée ? [=Tu as vu le nouveau garçon au lycée ?] On a discuté hier et il m'a invitée à prendre un café. Je suis trop heureuse !!!)

今度、学校に来た男の子、見た？昨日、話をしたんだけど、お茶に誘われちゃった。超ハッピー!!!

Tro b1 !!!! Faut qu'on se capte ASAP pr en 10kuT. JSPR q tu me racontera tt en détails!!!! J'tapldkj'pe. Bzoo !
(C'est trop bien ! Il faut qu'on se voit « as soon as possible » pour en discuter. J'espère que tu me raconteras tout en détails !!! Je t'appelle dès que je peux. Bisous !)

すてき!!!!　なるべく早く会って話をしましょう。全部詳しく教えてね!!!!　できるだけ早く電話するわ。キス！

2 プライベートのメール

50 「もう、イライラする！」

Slt ! Tu vi1 2m1 ché Lea finalement ? Moa jdoi encore lui HT 1 KDO. Tu sais si LM les robes

(Salut ! tu viens demain chez Lea finalement ? Moi je dois encore lui acheter un cadeau. Tu sais si elle aime les robes ?)

やあ！　結局、明日レアの家に行くの？　僕は彼女に何かプレゼントを買わなくちゃいけないんだ。彼女って、服に興味あるのかな？

Ui, LM les trucs sXy. Moi jpourrai pa venir, ma mR veut pa. Chui tro NRV ! ☹ BAP. Al1di du coup. Amuz toi bi1.

(Oui, elle aime les trucs sexy. Moi je ne pourrai pas venir, ma mère ne veut pas. Je suis trop énervée ! Bon après-midi. A lundi du coup. [=Donc à lundi.] Amuse-toi bien.)

ええ、セクシーなのがお気に入りよ。私は行けないの、母が駄目だって。もうイラつく！　いい午後をね。じゃ、また月曜日に。楽しんでね。

ショートメッセージでよく使われる表現

　字数の少ないショートメッセージでは、略字が頻繁に用いられます。音を擬したもの（a demain（ア ドゥマン）が@2m1（アッ ドゥ ム アン）に）や、頭文字や子音をとったもの（bonjourがbjrに）など、慣れていないと解読にかえって時間がかかることもあるかもしれません。サンプルのように使いこなすことはできなくても、相手のメッセージが読み解けたり、こちらからもひと言付け加えられるとおしゃれですね。でも、年配の方には通じないことも考えられるので気を付けましょう。

À b1to	à bientôt	また近いうちに
@ 2m1	à demain	また明日
@ l'1di	à lundi	月曜日に
AMA	à mon avis	私の意見では
@ + / A+	à plus tard	また後で
ataleur	à tout à l'heure	また後で
atout'	à tout de suite	すぐに
A12C4	à un de ces quatre = à un de ces jours	また近いうちに
abs	absent	不在、留守、欠席
HT	acheter	買う
AG	âgé	年をとった、…歳の
ASV	âge, sexe, ville	年齢、性別、住所
Ed	aider	助ける
asap	as soon as possible = aussi vite que possible	なるべく早く
Ok1	aucun	どんな…も
Av/B4	avant/before	前に
B4	before	前に
B1/bi1	bien	よく
Bi1sur	bien sûr	もちろん
bzoo	bisous	キス
BAP	bon après-midi	よい午後を
bjr	bonjour	おはよう、こんにちは
Bon8/BN	bonne nuit	おやすみなさい
Bsr	bonsoir	こんばんは
Cad	c'est-à-dire	すなわち
Cb1	c'est bien	それはいい
Cca	c'est ça	そのとおり
Ckomen	c'est comment ?	どういうこと？
cB	ça baigne ? = ça va ?	元気？
Savapa	ça ne va pas	元気じゃない
CV	Ça va ?	元気？
cav	ça va ?	元気？
ayé	ça y est	うまくいった、これでよし
Kfé	café	カフェ、コーヒー
Cpagrac	ce n'est pas grave	大したことない
Cpa5pa	ce n'est pas sympa	感じが悪い
ch1	chien	犬
6né	ciné = cinéma	映画
komencava	comment ça va ?	ご機嫌いかが？

コラム2

kop 1	copain	友達
CC	coucou = bonjour	やあ
dak	d'accord	オッケー
D6D	décider	決める
dem1	demain	明日
Dkejepe	dès que je peux	できるだけ早く
Dzolé/DSL	désolé	申し訳ない
10kut	discuter	おしゃべりする
NRV	énervé	いら立った
Ex6T	excité	興奮した
xQz	excuse = excuse-moi	ごめん
Meuf	fille	女の子
Mek	garçon	男の子
abiT	habiter	住む
N	haine :	嫌悪、大嫌い
	G la H = j'ai la haine, je suis très furieux	
éziT	hésiter	ちゅうちょする
ErE	heureux	幸せ
IR	hier	昨日
OTL	hôtel	ホテル
ya	il y a	ある、いる
1posibl	impossible	不可能な
1viT	inviter	招待する
GHT	j'ai acheté	買いました
GF1	j'ai faim	お腹がすいてます
G1pb	j'ai un problème	悩みごとがある
G1ID	j'ai une idée	考えがある
jSpRktuvab1	j'espère que tu vas bien	元気だといいけど
GT	j'étais	私は…でした
chui	J'suis = je suis	私は…です
JlesaV	je le savais	私はそれを知っていました
JS8	je suis	私は…です
JTM	je t'aime	あなたが好き
J'tapLDkj'pe	je t'appelle dès que je peux	できるだけ早く電話します
jeteléDjadi	Je te l'ai déjà dit	前に言いました
jo1	joint	添えられた
L'StomB	laisse tomber	放っておきなさい
	= ne t'occupe plus de cela	
L8	lui	彼
MNT	maintenant	今
Mat1	matin	朝
MMDR	méga mort de rire	笑い転げる
	= je ris beaucoup	
mR	mère	母
moa	moi	私
wetu	où es-tu ?	どこにいるの？
wi	oui	はい
PCK	parce que	なぜなら
PLPP	pas libre pour parler	話してる暇がない
piG	pigé = compris	了解
snlit	pleurer	泣く
Port	portable = téléphone portable	携帯電話

コラム2

kekina	qu'est-ce qu'il y a ?	どうしたの？
keskeC	Qu'est-ce que c'est ?	それは何？
kiC	qui c'est ?	それは誰？
kwad'9/koi29	quoi de neuf ?	何か変わったことは？
rtl	raconte ta life = raconte ta vie	近況を教えて
RLB	Ras-le-bol = j'en ai assez, j'en ai marre	うんざり
RV	rendez-vous	待ち合わせ
Rstp	réponds s'il te plaît	返信してください
R29	rien de neuf	変化なし
slt	salut	やあ
slt cv ? m jvb	salut ça va ? Moi je vais bien	やあ、元気？　私は元気
SRX	sérieux	真面目な、シリアスな
Solo	seul(e)	一人
SX	sexe	セックス
sk8	skate	スケート
strc	stressé	ストレスを受けた
T	t'es	あなたは…です
TT	t'étais	あなたは…でした
TG	ta gueule = ferme ta gueule = tais-toi !	黙れ
TAXE/tacks	taxer = demander quelque chose	何かを頼む
2day	today	今日
tj	toujours	いつも
tt	tout	すべて
tut	toute	toutの女性形
TR1	train	電車
Ti2	tu es hideux = tu es affreux, tu es méchant	ひどい、意地悪
T ki	tu es qui ?	誰？
tabitou	tu habites où ?	どこに住んでる？
Tpas	tu n'es pas ...	あなたは…ではない
Tu vi1 2m1	tu viens demain ?	明日、来る？
V1/vi1	viens	おいで
vrMen	vraiment	本当に
U2	you too = toi aussi	あなたも
zN	zen = cool = tranquille, pas énervé	クールな

よく使われる顔文字

顔文字は、ページの左側が上になるようにして持つと顔のように見えます。日本とは表情が違いますね。これも、オフィシャルなメールでの使用は控えたほうがいいですね。

:=)	または :)	笑	;(または ='(	泣いてます
:-D		大笑い	:-(	悲しい
8-)		びっくり笑	:<	がっかり
xD		爆笑	:C	すごくがっかり
:-@		叫ぶ	:-#	言えません
:- /		困った	:-8c	もう話しません
:-O		びっくり	:-0	あくび
:- "		風邪ひいた	= :o	ショック

第3章
オフィシャルメール

51 「…から紹介いただきました」初めてのメール

✉ 40 を受けて、初めてのメールで相手に依頼をします。

Objet : demande de renseignements

M. Delfond,

Je me permets de vous écrire ce mél.❶ J'ai obtenu votre adresse électronique par l'intermédiaire de M. Arthur Robin.❷

Nous nous sommes déjà rencontrés à Tokyo ⓐ et **vous m'avez alors suggéré de vous contacter.❸**

Comme je vous l'avais expliqué à ce moment là, je souhaiterais étudier en France l'année prochaine. **Pourriez-vous à cet effet** me donner des renseignements sur les modalités d'inscription notamment **?❹**

Merci de m'aider à mener à bien mon projet d'étude en France.

Recevez M. le Responsable, l'expression de ma gratitude la plus sincère,

Junko Takahashi

件名：情報提供のお願い

デルフォン教授

メールにて失礼します。❶　先生のメールアドレスをアルテュール・ロバンに教えてもらいました。❷
一度東京でお会いしたⓐ際、連絡するように言っていただきました。❸
そのときお話したように、来年、フランスに留学したいと考えております。そのために、入学手続きに必要な書類について教えていただけませんでしょうか？❹
フランス留学実現にお力を貸していただけると幸いです。
敬具
タカハシ・ジュンコ

variations » バリエーション

❶「メールにて失礼します」
Je me permets de vous écrire ce mél.

Je prends la liberté de vous écrire ce mél.
失礼ながらメールを差し上げます。

Permettez-moi de vous écrire ce mél.
メールを差し上げることお許しください。

❷「…に連絡先を教えてもらいました」
J'ai obtenu votre adresse électronique par l'intermédiaire de M. Arthur Robin.

C'est grâce à M. Arthur Robin que je connais votre adresse mél.
アルテュール・ロバンのおかげであなたのアドレスを知りました。

J'ai reçu votre adresse mél par M. Arthur Robin.
アルテュール・ロバン経由であなたのアドレスを受け取りました。

❸「連絡するよう言っていただきました」
Vous m'avez suggéré de vous contacter.

Vous m'avez conseillé de vous contacter.
連絡するようご助言いただきました。

Vous m'avez proposé de vous écrire.
手紙を書くようご提案いただきました。

❹「そのようなわけで、…していただけませんか？」
Pourriez-vous à cet effet... ?

Vous serait-il possible pour cette raison... ?
そのようなわけで、…していただくことは可能ですか？

Pourriez-vous dans cette optique... ?
このような観点から、…していただけませんか？

---

point ▶▶▶ ポイント

ⓐ nous は直接目的補語。過去分詞は主語の性・数に一致して変化する。
Les deux voitures se sont rencontrées à un croisement.
（2台の車が交差点で衝突した）
Elle s'est permis un voyage en Italie pendant ses études à Paris.
（パリでの学生生活の合間、彼女はイタリアに旅をした）
＊s'は直接目的補語ではないので、過去分詞は無変化。

52 「商品が壊れています」苦情を言う

ネットで注文した商品が壊れて届きました。代金は、次回の注文時まで貯めておいてもらうよう依頼します。

Objet : Réclamation

Bonjour,

Pour Noël, j'ai commandé un cadeau sur votre site « achatout ». Malheureusement, **l'article est arrivé chez moi détérioré.** ❶

Je n'ai donc pas pu l'offrir comme je le souhaitais. ❷

Je vous prierai donc **de** bien vouloir **me faire un avoir** de la somme correspondante **sur ma prochaine commande.** ❸

Je vous en remercie par avance. ❹

Isabelle Lemarchand

件名：クレーム

こんにちは

クリスマスに、貴社のウェブサイト「achatout」でプレゼントにする品物を注文しました。しかし残念なことに、**品物は破損した状態で届きました。**❶
したがって、望んでいたかたちでプレゼントすることができませんでした。❷
ということなので、**相当額を次回の注文に繰り越してください**❸ますよう、お願い申し上げます。
以上、よろしくお願いいたします。❹
イザベル・ルマルシャン

variations　》　バリエーション

❶「商品が壊れています」
L'article est arrivé détérioré.

L'objet commandé est arrivé cassé.
注文品は壊れて届きました。

Ma commande est arrivée en très mauvais état.
私が注文した品物は、ひじょうに悪い状態で届きました。

❷「そのせいで…できませんでした」
Je n'ai donc pu l'offrir comme je le souhaitais.

Il m'a été évidemment impossible d'offrir ce cadeau comme prévu.
当然のことながら、予定どおり贈り物をすることは、私にとって不可能でした。

Je ne peux rien faire avec ce cadeau cassé.
この壊れた贈り物をもってしては、私にはどうすることもできません。

❸「…させてください」
Je vous prierai de me faire un avoir sur ma prochaine commande.

Je souhaiterais utiliser l'argent dépensé pour l'achat suivant sur votre site.
支払ったお金を、貴社のウェブサイトでの次回の購入に使わせていただきたく思います。

Je ne souhaite pas être remboursé, mais garder l'argent sur mon compte « achatout ».
そのお金を払い戻してもらうのではなく、私の「achatout」用の口座に貯めておきたいと思います。

❹「よろしくお願いします」
Je vous en remercie par avance.

Je vous remercie à l'avance.
あらかじめ、感謝いたします。

Je vous remercie de votre compréhension.
ご理解いただきありがとうございます。

---

point ▶▶▶ ポイント

- **prier qn de＋不定詞**「人に…を懇願する、頼み込む」
  J'ai prié le médecin de venir tout de suite.
  （私は医者にすぐ来てくれるよう頼んだ）
  Je vous prie de m'excuser.（どうかお許しください）
- **remercier qn de qc**「事物について人に礼を言う」
  Je vous remercie de votre conseil.（ご忠告、感謝します）
  ＊ de votre conseil を代名詞に置き換えると Je vous en remercie となる。

53 「問題ありません」了解した旨を返信する

52 に返信して、ことの次第がわかったことを伝えます。

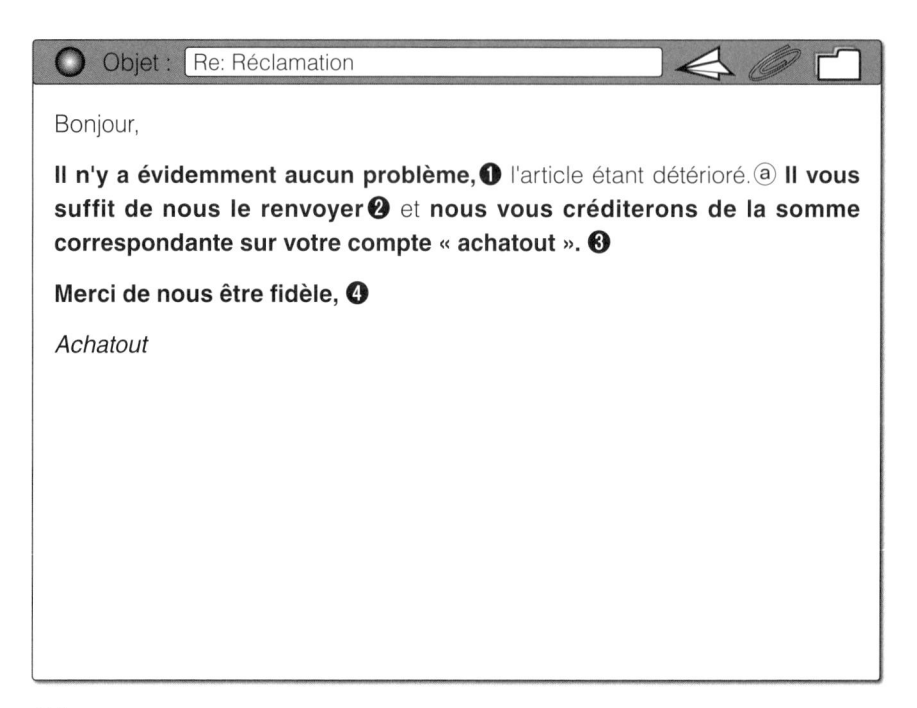

Objet : Re: Réclamation

Bonjour,

Il n'y a évidemment aucun problème,❶ l'article étant détérioré.ⓐ **Il vous suffit de nous le renvoyer❷** et **nous vous créditerons de la somme correspondante sur votre compte « achatout ». ❸**

Merci de nous être fidèle, ❹

Achatout

件名：Re：クレーム

こんにちは
品物が破損していたのであれば、もちろん、何の問題もありません。❶　品物を私ども宛てに返送していただければ十分です。❷　また、相当額をお客様の「achatout」口座に預金として記入いたします。❸
またのご利用をお待ちしております。❹
achatout

variations » バリエーション

❶「それで問題ありません」
Il n'y a évidemment aucun problème.

Il n'y a pas de problème du tout.
まったく問題はありません。

Nous sommes tout disposés à accéder à votre demande.
お客様のご要望に応じる所存でございます。

❷「不良品をご返送ください」
Il vous suffit de nous le renvoyer.

Renvoyez-nous l'article détérioré.
破損した品物をご返送ください。

Vous avez seulement à nous renvoyer l'article en question.
当該商品を返送していただくだけで十分です。

❸「口座に入金いたします」
Nous vous créditerons de la somme sur votre compte « achatout ».

Nous mettrons sur votre compte « achatout » la somme correspondante au cadeau.
プレゼント相当金額を、お客様の「achatout」口座に入れておきます。

Vous garderez chez nous cette somme.
相当額は我が社でプールします。

❹「引き続きご愛顧ください」
Merci de nous être fidèle.

Merci de continuer à être notre client.
引き続きのご愛顧、ありがとうございます。

Merci de ne pas nous tenir rigueur de cet incident.
この件に関しまして、ご理解のほど、お願いいたします。

---

point ▶▶▶ ポイント

ⓐ 絶対分詞節
　主語を持つ現在分詞節で、原因を示すことが多い。
　Sa mère étant malade, il est rentré tout de suite chez lui.
　（お母さんが病気だったので、彼はすぐに家に帰った）
　＊現在分詞 étant の主語は sa mère。

54 「会議を開催します」社内連絡①

会議の開催を知らせるメールを社内に送ります。

Objet : Réunion projet

Chers collègues,

Je vous rappelle que notre réunion aura lieu jeudi prochain à partir de 10 heures. ❶ **Chacun est prié d'avoir son dossier à jour** ❷ afin que nous puissions tous, examiner les projets de chacun et choisir les meilleurs.

N'oubliez pas de préparer un résumé ❸ que vous pourrez présenter rapidement.

Je compte sur vous pour être prêts ❹ jeudi.

Merci à tous,

Amandine

件名：企画会議

関係者各位
来週の木曜日、10時から会議がありますのでお忘れなく。❶
全員で各人の企画を検討し、最もよいものを選ぶことができるよう、**各人、最新の状態で書類をお持ちください。**❷
必ずレジュメを用意し、手短にプレゼンできるようにしておいてください。❸
木曜日には準備万端でありますよう、皆様を頼りにしています。❹
皆様に感謝。
アマンディーヌ

variations » バリエーション

❶「○時に開催することをお伝えします」
Je vous rappelle que notre réunion aura lieu jeudi prochain à partir de 10 heures.

N'oubliez pas que notre réunion se déroulera jeudi prochain à partir de 10 heures.
来週木曜日 10 時から会議が開かれることを忘れないでください。

Comme prévue, la réunion commencera dès 10 heures, jeudi prochain.
予定どおり、会議は来週木曜日 10 時に始まります。

❷「…しなければなりません」
Chacun est prié d'avoir son dossier à jour.

Il faut que les dernières informations soient dans votre dossier.
書類には最新の情報が入っていなければなりません。

Votre dossier doit être complet.
書類は完璧な状態でなければなりません。

❸「…しておいてください」
N'oubliez pas de préparer un résumé.

Il faut absolument préparer un résumé.
レジュメを準備することが絶対に必要です。

Un résumé est indispensable.
レジュメが不可欠です。

❹「…を期待しています」
Je compte sur vous pour être prêts.

J'espère que vous aurez tout préparé pour la réunion.
会議の際には完璧に準備ができていることを期待しています。

Il faut absolument que tout le monde soit prêt.
全員が準備万端であることが絶対に必要です。

---

point ▶▶▶ ポイント

- afin que＋接続法「…のために」
  目的を表す文節を導く、やや文語的な表現。日常会話では「pour que＋接続法」を使う。
  Vous laisserez vos coordonnées afin que nous puissions vous téléphoner.
  (電話を差し上げることができるよう、連絡先を置いていってください)
  ただし、従属文節の主語が主文節の主語と同じ場合は「afin de＋不定詞」の形をとる。
  Il fait des économies afin de s'acheter une moto.
  (彼はバイクを買うためにお金を貯めている)

55 「会議が中止になりました」社内連絡②

会議が中止になった旨を連絡します。

○ Objet : Réunion annulée

Chers collègues,

La réunion de jeudi prochain ne pourra malheureusement pas avoir lieu. ❶ En effet, notre collègue Akira Takahashi doit subitement, à la suite d'un accident de sa mère, retourner au Japon. ⓐ

Sans lui, nous ne pouvons pas étudier la question du budget ❷ pourtant primordiale.

Il est donc préférable d'annuler cette réunion ❸ jusqu'au retour de notre collègue japonais.

Je reprendrai à ce moment-là contact avec tout le monde afin de fixer une autre date de réunion le plus rapidement possible.

En attendant, profitez-en pour remettre vos dossiers à jour. ❹

Cordialement,

Amandine

件名：会議の中止

関係者各位
来週の木曜日の会議は、残念ながら開くことができなくなりました。❶　われわれの同僚のタカハシ・アキラさんが、お母様が事故にあわれ、急きょ日本に帰国しなければならなくなったためです。ⓐ
彼がいなければ、きわめて重要な予算に関する問題を検討することができません。❷
したがって、**彼が戻ってくるまで会議を中止した方がよいと判断しました。**❸
彼が戻り次第、早急に会議の日程を定めるべく、皆様にご連絡いたします。
さしあたり、この時間を利用して書類を更新してください。❹
心を込めて
アマンディーヌ

variations　》　バリエーション

❶「会議は中止です」
La réunion ne pourra malheureusement pas avoir lieu.

La réunion est reportée à une autre fois.
会議は、またの機会に持ち越されました。

La réunion est annulée.
会議はキャンセルされました。

❷「…なしでは…」
Sans lui, nous ne pouvons pas étudier la question du budget.

S'il est absent, nous ne pouvons pas réfléchir au budget.
もし彼が欠席だと、予算を検討することができません。

Sans sa présence, il est impossible de discuter du budget.
彼の出席なくしては、予算について議論することは不可能です。

❸「したがって、…と判断しました」
Il est donc préférable d'annuler cette réunion.

Il vaut donc mieux supprimer cette réunion.
したがって、会議をやめたほうがよいと考えました。

Il est préférable de remettre cette réunion à plus tard.
会議を先に延ばしたほうがよいと思いました。

❹「さしあたり…してください」
En attendant, profitez-en pour remettre vos dossiers à jour.

Pendant ce temps, vérifiez que dans votre dossier il y a les dernières informations.
この間に、書類に最新情報が入っているかどうか確かめてください。

Jusqu'à la prochaine réunion, assurez-vous que votre dossier est complet.
次の会議まで、書類が完璧な状態かどうか確認してください。

---

point ▶▶▶ ポイント

ⓐ à la suite de … の用法

Il traînait à sa suite une vingtaine d'élèves.
「…の後ろに」（彼は20人ばかりの生徒を引き連れていた）

A la suite de ce roman, il a publié un recueil de poèmes.
「…の後で、…の次に」（その小説に続いて、彼は詩集を出した）

Un gouvernement socialiste s'est mis en place à la suite d'élections législatives.
「…の結果として」（下院選挙の結果、社会党政府が樹立された）

56 「送別会のお知らせ」社内連絡③

同僚の転勤にともない、送別会の案内を送ります。

Objet : Retour au Japon

Chers collègues,

Vous savez sans doute déjà tous que notre collègue **Taro Yamakawa va nous quitter définitivement pour retourner travailler à Tokyo à la maison mère.** ❶

La direction a décidé en son honneur d'organiser une petite fête d'adieu. Je vous rappelle qu'il travaille avec nous depuis près de 7 ans !

À l'occasion de cette soirée ❷ nous remettrons à Taro un cadeau. **Aussi, je vous demande à tous d'y contribuer financièrement** ❸ en me remettant 50 euros.

Venez nombreux à la soirée de vendredi prochain **qui sera** probablement **la dernière occasion de voir notre cher collègue japonais dans nos murs.** ❹

Cordialement,

Amandine

件名：日本に帰国

皆様
皆様すでにご存じかと思いますが、われわれの同僚ヤマナカ・タロウさんが東京本社に戻る❶ため、私たちのもとを去ることになりました。
彼に敬意を表して、総務部はささやかなさよならパーティーを開くことにしました。彼は7年近くも私たちと共に働いてきたことを申し添えておきます。
このパーティーに際して、❷記念品を贈る予定です。そこで、全員に50ユーロのカンパをお願いいたします。❸
社内でわれわれの親愛なる日本人同僚に会う、おそらく最後の機会になると思います❹ので、今度の金曜日のパーティーに奮ってご参加ください。
心を込めて
アマンディーヌ

variations　»　バリエーション

❶「…しに帰る」
Taro Yamakawa va retourner travailler à la maison mère.

Il va rentrer travailler au siège de l'entreprise.
その会社の本社で働くために帰ります。

Il va retrouver son travail au siège de la société.
その会社の本社でまた仕事をします。

❷「この機会に…」
À l'occasion de cette soirée...

Pendant cette soirée...
このパーティーの間に…。

Lors de cette soirée...
このパーティーの折に…。

❸「それで、…してほしいのです」
Aussi, je vous demande à tous d'y contribuer financièrement.

C'est pourquoi, je vous demande de participer financièrement à ce cadeau.
そんなわけで、記念品を購入するためのお金を分担してもらいたいのです。

Merci à tous de donner 50 euros pour acheter ce cadeau d'adieu.
この送別記念品を買うために、みなさんに 50 ユーロずつ出してもらいたいのです。

❹「これが最後の機会です」
Ce sera la dernière occasion de voir notre cher collègue dans nos murs.

Ce sera la dernière possibilité de voir notre collègue ici dans nos bureaux.
このオフィスでわれわれの同僚に会う最後のチャンスになります。

Ce sera la dernière fois peut-être que nous pourrons voir notre collègue dans cet établissement.
社内でわれわれの同僚に会うことができる、おそらく最後になります。

---

point ▶▶▶ ポイント

- en l'honneur de qn/qc 「…に敬意を表して、…を祝って」
  Un dîner a été organisé en l'honneur du ministre.
  (大臣に敬意を表して晩さん会が催された)
  Les cloches sonnent en l'honneur de leur mariage.
  (彼らの結婚を祝して鐘が鳴っている)
- contribuer à qc 「(分担金・寄付金など) を負担する」(à qc を代名詞に置き換えると y)
  Tous les enfants ont contribué au cadeau offert à leur mère.
  (子どもたちは母親にプレゼントするためにみんなでお金を出しあった)

57 「昇進おめでとう」社内連絡④

同僚の昇進を伝えるメールを出します。

Objet : Promotion

Notre collègue **Myriam Dubois vient d'être promue responsable du service après-vente** ❶ de notre société.

Myriam a débuté sa carrière chez nous comme simple secrétaire. ❷ **Elle a su montrer un grand sens des relations humaines avec nos clients** ❸ qui tous l'ont appréciée. À partir de la semaine prochaine, elle quitte ses fonctions d'assistante de direction pour son nouveau poste.

Félicitations donc à Myriam et bonne chance dans ses nouvelles fonctions. ❹

Cordialement,

Sabine

件名：昇進

われわれの同僚ミリアム・デュボワが昇進して、わが社のアフターサービス部門の責任者に任命された❶ところです。
ミリアムはわが社で単なる秘書として職をスタートさせました。❷ 次第にクライアントとの人間関係において素晴らしいセンスを発揮するようになり❸、クライアントは皆、彼女を高く評価するに至りました。彼女は執行部アシスタントの職を離れ、来週から新しいポストに就きます。
おめでとう、ミリアム。新しい役職での幸運を祈ります。❹
心を込めて
サビーヌ

variations » バリエーション

❶「…に就任します」
Myriam est promue responsable du service après-vente.

Myriam accède à la direction du service après-vente.
ミリアムはアフターサービス部門の長の職に達しました。

Myriam a grimpé les échelons jusqu'au poste de direction du service après-vente.
ミリアムはアフターサービス部門の長のポストにまで上り詰めました。

❷「…として始めました」
Myriam a débuté sa carrière chez nous comme simple secrétaire.

Myriam a commencé à travailler dans notre société comme secrétaire.
ミリアムは私たちの会社で秘書として働き始めました。

Au début, Myriam a commencé tout en bas de l'échelle.
当初、ミリアムは最も低い地位で仕事を始めました。

❸「素晴らしいセンスを発揮しました」
Elle a su montrer un grand sens des relations humaines avec nos clients.

Elle arrivait à entretenir de très bonnes relations avec notre clientèle.
彼女は顧客層とひじょうによい関係を保つようになりました。

Elle mettait à l'aise notre clientèle.
彼女は顧客に安心感を与えるようになりました。

❹「幸運を祈ります」
Félicitations donc à Myriam et bonne chance dans ses nouvelles fonctions.

Bravo à Myriam et bon courage dans ses nouvelles responsabilités.
やったね、ミリアム、今度の責任あるポジションでも頑張って。

Toutes nos félicitations à Myriam et beaucoup de réussite dans son nouveau travail.
おめでとう、ミリアム、新たな仕事での成功を祈ります。

---

point ▶▶▶ ポイント

● promouvoir（不定詞と過去分詞promu以外はまれ）「昇進させる」
  Le directeur l'a promu à un haut poste.
  （部長は彼を高い地位に抜擢した）
  Il a été promu chef de service.
  （彼は係長に昇進した）
  La femme est promue à un nouveau statut social.
  （女性は社会的に新たな地位を与えられた）

58 「在庫はありますか？」問い合わせる

書店で品切れになった本をネットで入手します。

Objet : Commande

Madame/Monsieur,

Je souhaiterais acquérir ❶ le « Dictionnaire Historique du Japon » qui est épuisé en librairie. **De plus, la maison d'édition m'a fait savoir qu' ❷ une nouvelle édition n'était pas dans l'immédiat envisagée. ❸**

J'ai vu sur votre site « livrépuisé » que vous possédiez le tome 1 de ce livre qui est en 2 tomes. **N'auriez-vous pas également le tome 2 de disponible ? ❹**

Merci de votre réponse,

Adrien Benoît

件名：注文

担当者様
書店で品切れになっている『日本歴史辞典』を手に入れたいと思っています。❶　なお、出版社によると、❷今のところ、新版を出す予定はないとのこと。❸
貴社のウェブサイト「リーヴル・エピュイゼ」で見たのですが、2巻からなるこの辞典の第1巻があるそうですね。同様に入手可能な第2巻もお持ちではないですか？❹
返信をお待ちしています。
アドリアン・ブノア

variations » バリエーション

❶「購入したいと思っています」
Je souhaiterais acquérir...

Je souhaiterais acheter...
…を購入したいと思っています。

Je voudrais me procurer...
…を入手したいと思っています。

❷「さらに、…によると」
De plus, la maison d'édition m'a fait savoir que...

De surcroît, la maison d'édition m'a annoncé que...
そのうえ、出版社は私に…と知らせてきました。

En plus, la maison d'édition m'a informé que...
おまけに、出版社からは…との情報がありました。

❸「…の予定はない」
Une nouvelle édition n'était pas dans l'immédiat envisagée.

Pour l'instant les 2 tomes ne seront pas réimprimés.
さしあたっては、その2巻本が重版されることはない。

Dans les prochains temps, la maison d'édition n'a pas l'intention d'imprimer une nouvelle édition.
目下のところ、出版社は新版を印刷するつもりはない。

❹「…もありますか?」
N'auriez-vous pas également le tome 2 de disponible ?

N'avez-vous pas aussi le tome 2 à vendre ?
販売予定の第2巻もありませんか?

Ne possédez-vous pas par hasard aussi le tome 2 ?
もしかして第2巻も持っていませんか?

---

point ▶▶▶ ポイント

● 条件法の語気緩和用法
現実を、現実としてではなく可能なこととして表すことで、命令・要求の語気を和らげる。
Je désirerais vous dire un mot.
(ひと言申し上げたいのですが)
Vous devriez apprendre le français.
(フランス語を勉強なさらなければいけないでしょうね)

59 「お答えいたします」顧客への返信

✉ 58 に返信して、本の在庫状況を知らせます。

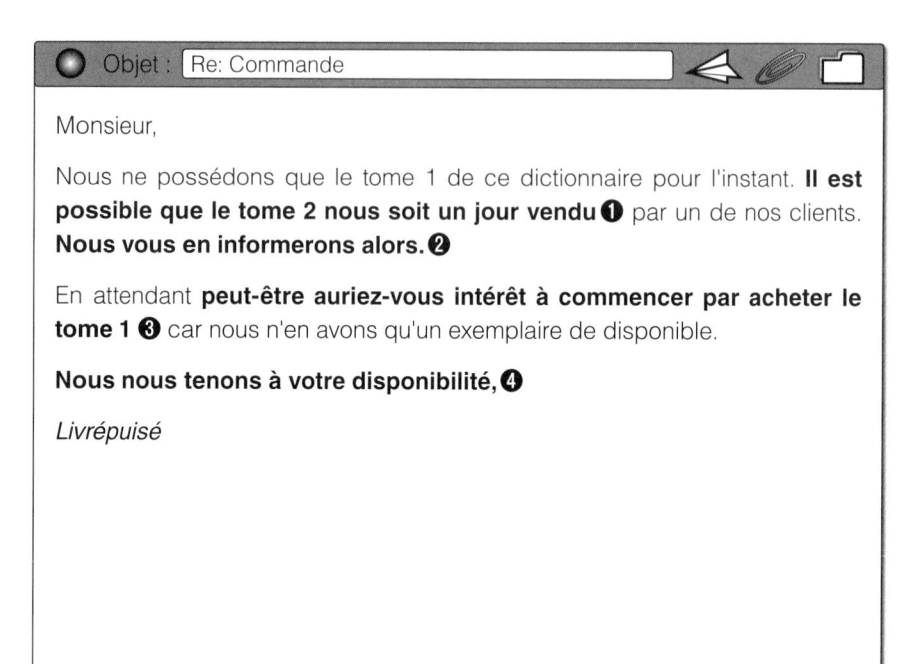

Objet : Re: Commande

Monsieur,

Nous ne possédons que le tome 1 de ce dictionnaire pour l'instant. **Il est possible que le tome 2 nous soit un jour vendu❶** par un de nos clients. **Nous vous en informerons alors.❷**

En attendant **peut-être auriez-vous intérêt à commencer par acheter le tome 1 ❸** car nous n'en avons qu'un exemplaire de disponible.

Nous nous tenons à votre disponibilité,❹

Livrépuisé

件名：Re: 注文

お客様
現在、当社が所有しているのは辞典の第1巻のみです。**第2巻につきましては、将来、当社のお客様のお一人が売ってくださる可能性があります。❶** そのときには、お知らせいたします。❷
さしあたりましては、当社が所有している売却可能な部数は1部のみですので、**まず第1巻を購入されておくのが、おそらく得策であろうと思われます。❸**
何なりとお申し付けください。❹
Livrépuisé

variations » バリエーション

❶「…の可能性があります」

Il est possible que le tome 2 nous soit un jour vendu.

Peut-être que dans le futur quelqu'un nous vendra le tome 2.
おそらく、将来、どなたかが当社に第2巻を売ってくださると思います。

Il n'est pas exclu qu'un client nous vende un jour son tome 2.
いつか、お客様のお一人が当社に第2巻を売ってくださる可能性がないとは限りません。

❷「その際には…いたします」

Nous vous en informerons alors.

Nous vous enverrons à ce moment-là un courriel pour vous le dire.
そのときには、お客様にその旨をお伝えすべく、メールいたします。

Nous vous tiendrons au courant par mél.
その旨、メールにてお知らせいたします。

❸「…をお勧めします」

Peut-être auriez-vous intérêt à commencer par acheter le tome 1.

Nous vous conseillons d'acheter tout de suite le tome 1.
すぐに第1巻を購入されることをお勧めします。

Je vous conseille d'acheter pour l'instant le tome 1.
とにかく、さしあたりましては、第1巻を購入されることをお勧めします。

❹「何なりとお申し付けください」

Nous nous tenons à votre disponibilité.

Nous sommes prêts à répondre à toutes vos questions.
お客様のどんな質問にもお答えする所存です。

Nous sommes à votre écoute.
お客様のご要望に従います。

---

point ▶▶▶ ポイント

- ne ... que
  主語、主動詞以外の要素を制限する。
  Je n'ai qu'un livre.（本は1冊しか持っていない）
  L'homme n'est qu'un roseau.（人間は1本の葦（あし）にすぎない）
  Il n'est que blessé.（彼は負傷しただけだ）
  Je ne pense qu'à toi.（君のことばかりを考えている）

60 「会員番号を忘れました」会員情報の問い合わせ

通販サイトの会員番号を忘れてしまいました。カスタマーサービスにどうしたらいいかを尋ねます。

Objet : Oubli du code client

Madame / Monsieur,

Je souhaitais commander sur votre site le DVD d'un film classique intitulé « Les Tontons flingueurs », mais je m'aperçois que **je ne me rappelle plus mon code client.** ❶

Comment pourrais-je récupérer ce code ? ❷ Je ne comprends pas bien ce qui est indiqué sur votre site concernant ce problème. **Je vous avoue aussi que je suis béotien en la matière.** ❸

Merci donc de m'aider en m'expliquant clairement comment procéder. ❹

Toru Takahashi

件名：会員番号忘れ

担当者様
貴社のウェブサイトで「Les Tontons flingueurs」と題するクラシック映画のDVDを注文したいと思ったのですが、**会員番号を覚えていない**❶ことに気付きました。
どのようにしたら会員番号を再確認することができるのでしょうか?❷　この問題に関して貴社ウェブサイトに示されている内容がよく理解できません。**私がこの分野は不得意であることもお伝えしておきます。**❸
という次第ですので、対処方法を明確に説明して私を助けてくださいますよう、お願いいたします。❹
タカハシ・トオル

variations » バリエーション

❶「暗証番号を忘れました」
Je ne me rappelle plus mon code client.

Je ne me souviens plus de mon code secret de client chez vous.
貴社の顧客暗証番号が思い出せません。

J'ai oublié mon code confidentiel.
暗証番号を忘れてしまいました。

❷「どのようにすれば…できますか？」
Comment pourrais-je récupérer ce code ?

De quelle manière pourrais-je retrouver mon code ?
どういう方法で自分の番号を思い出すことができるのでしょうか？

Pourriez-vous me redonner mon code ?
私の番号を再通知していただけませんか？

❸「…をお伝えしておきます」
Je vous avoue que je suis béotien en la matière.

Je dois vous dire que je ne suis pas compétent dans l'utilisation de l'ordinateur.
パソコン操作が得意でないことを申し上げておかねばなりません。

Je commence à peine à comprendre le maniement de l'ordinateur.
パソコンの扱い方がやっとわかり始めたところです。

❹「…してくださいますよう、お願いいたします」
Merci de m'aider en m'expliquant clairement comment procéder.

Merci de m'expliquer en détail comment faire pour retrouver mon code client.
自分の会員番号を思い出すにはどうしたらいいのかを詳しく説明してくださるよう、お願いいたします。

Je compte sur votre explication pour retrouver mon code.
自分の番号を思い出す方法に関する貴社の説明を頼りにしています。

---

point ▶▶▶ ポイント

- 「…を覚えている、思い出す」
  se rappeler qc/qn と se souvenir de qc/qn とでは、補語のとり方が違うので注意。
  Je me rappelle bien sa figure.
  Je me souviens bien de sa figure.
  （彼［女］の顔はよく覚えています）
- 不定詞を使った間接疑問節
  Je vous explique comment procéder.
  （どう処理すればいいか説明します）

61 「新規登録してください」会員情報に関する案内

✉ 60 に返信し、対処方法を伝えます。

Objet : Re: Oubli du code client

Monsieur,

Il y a effectivement un moyen de retrouver votre code client.

Cependant, **nous vous proposons plus simplement de trouver un nouveau code client❶** que **nous vous conseillons de noter quelque part.❷** Ce sera beaucoup plus facile pour vous.

À partir de ce nouveau code, vous pouvez commander sans problème le DVD que vous souhaitez.

N'hésitez pas à nous faire part de vos problèmes❸ concernant notre site et nous vous répondrons le plus rapidement possible.

Merci de votre fidélité.❹

Dvdpourtous

件名：Re: 会員番号忘れ

お客様
会員番号を再確認する方法は確かにございます。
しかしながら、**より簡単な方法として、新しい会員番号を取得されることをご提案いたします。❶**
なお、**新しい会員番号はどこかに控えておくようにお願いいたします。❷** このようにすることが、お客様にとってはるかに容易であろうと思われます。
この新しい会員番号から、ご希望のDVDを、問題なく注文していただけます。
当社のウェブサイトに関して何か問題がありましたら、**ご遠慮なくお知らせください。❸** できるだけ早く対処する所存でございます。
引き続きのご利用、感謝いたします。❹
DVDpourtous

variations » バリエーション

❶「…をお勧めします」
Nous vous proposons plus simplement de trouver un nouveau code client.

Nous vous invitons à créer un nouveau code client.
新しい会員番号をつくることをお勧めします。

Il vaut mieux imaginer un nouveau code et laisser tomber l'ancien.
新しい番号を考えて、以前のものは破棄するのが得策かと思われます。

❷「…したほうがいいでしょう」
Nous vous conseillons de le noter quelque part.

Il faudrait écrire votre code dans un carnet par exemple afin de ne plus l'oublier.
今度は番号を忘れないように、たとえば手帳などに、番号を書き留めておく必要があるでしょう。

Notez votre code quelque part où vous le retrouverez facilement.
どこかに番号をメモしておけば、容易に再確認することができるでしょう。

❸「ご遠慮なく…ください」
N'hésitez pas à nous faire part de vos problèmes.

Dites-nous franchement si vous avez d'autres problèmes.
ほかに問題があるかどうか、ためらわずにお知らせください。

N'ayez aucune hésitation si vous avez des questions à nous poser.
当社に質問がありましたら、ちゅうちょしないでください。

❹「ご愛顧に感謝します」
Merci de votre fidélité.

Merci d'être notre client.
ご愛顧に感謝いたします。

Merci de nous faire confiance.
当社への信頼に感謝いたします。

---

point ▶▶▶ ポイント

- 関係代名詞que
  Cependant, nous vous proposons plus simplement de trouver un nouveau code client que nous vous conseillons de noter quelque part.
  先行詞はun nouveau code clientで、noterの直接目的補語。
  Vous pouvez commander sans problème le DVD que vous souhaitez.
  先行詞はle DVDで、souhaitezの直接目的補語。

62 「注文を間違えました」注文を変更する

メールで注文の訂正を依頼します。

○ Objet : Changement dans la commande

Madame/Monsieur,

Dans ma commande en date du 12 janvier 2011, ❶ je me suis trompée. En effet parmi les 3 CD, je possède en fait déjà celui concernant Debussy.

Pourriez-vous annuler la commande de ce CD ❷ et ne prendre en compte que les 2 autres de Beethoven et Schubert ?

Mon n° de client est C 68H00, le n° de commande est 165706.

La somme d'achat a déjà été retirée de mon compte. ❸ **Pourriez-vous recréditer mon compte de la différence ?** ❹

Merci d'avance,

Ayumi Tanaka

件名：注文の変更

担当者様
2011年1月12日付の注文に❶間違いがありました。実は、3枚のCDのうち、ドビュッシーのものはすでに持っていました。
このCDをキャンセルし、ほかの2枚（ベートーベンとシューベルト）だけの注文に変更することは可能でしょうか？❷
会員番号はC68H00、注文番号は165706です。
購入代金はすでに私の口座から引き落とされています。❸　差額を口座に戻していただけませんか？❹
よろしくお願いいたします。
タナカ・アユミ

variations　»　バリエーション

❶「○月○日の注文に…」
Dans ma commande en date du 12 janvier 2011…

Dans ma commande datée du 12 janvier 2011…
2011年1月12日付の注文に…。

J'ai passé ma commande le 12 janvier 2011…
2011年1月12日に…を注文しました。

❷「キャンセルできますか？」
Pourriez-vous annuler la commande de ce CD ?

Serait-il encore possible de ne pas commander le CD de Debussy ?
ドビュッシーのCDを注文しないことにするのはまだ可能でしょうか？

Je voudrais retirer ma commande concernant le CD de Debussy.
ドビュッシーのCDに関する注文を取り消したいのですが。

❸「すでに支払い済みです」
La somme d'achat a déjà été retirée de mon compte.

Ma banque vous a déjà payé automatiquement.
銀行の自動引き落としで、貴社への代金は支払い済みです。

Mon compte a déjà été débité de cette somme.
この金額は私の口座からすでに引き落とされています。

❹「…できますか？」
Pourriez-vous recréditer mon compte bancaire de la différence ?

Vous serait-il possible de verser sur mon compte bancaire la somme correspondante au CD ?
ドビュッシーのCD代金に相当する額を私の銀行口座に払い込んでいただくことは可能でしょうか？

Pourriez-vous me rendre l'argent du CD ?
ドビュッシーのCD代金を返却していただけますか？

---

point ▶▶▶ ポイント

- n° は numéro の略
- 指示代名詞 celui, celle, ceux, celles
  le CD concernant Mozart et celui concernant Bach
  （モーツァルトのCDとバッハのCD）
  la porte conduisant à la chambre et celle conduisant à la rue
  （寝室に通じる扉と通りに抜ける扉）
  les objets en bois et ceux en plastique（木製品とプラスチック製品）
  les civilisations d'aujourd'hui et celles d'autrefois（今日の文明と過去の文明）

63 「変更できません」要望を断る

✉ 62 に返信して、注文の変更は不可能であることを伝えます。

Objet : Re: Changement dans la commande

Madame,

Il nous est impossible de changer la commande, car nous vous avons déjà envoyé les 3 CD qui devraient vous parvenir demain ou après-demain.

Nous ne changeons une commande que lorsque l'argent n'a pas encore été débité et la commande pas encore envoyée.❶ Nous espérons que vous nous comprendrez❷ et ne nous en tiendrez pas rigueur.❸

Mais comme vous êtes une cliente fidèle, nous vous proposons de vous faire parvenir gratuitement le CD François Couperin, Pièce de violes.

Dites-nous si cela vous convient.❹

Bien à vous,

Cdclassique

件名：Re: 注文の変更

お客様

ご注文の変更はお受けしかねます。3枚のCDは発送済みで、明日もしくは明後日にはお客様のもとに届くはずでございます。

当社がご注文の変更をお受けできるのは、代金の引き落としがまだで、品物の発送がまだのときに限らせていただいております。❶　この点をご理解いただき❷、ご容赦くださいますよう、お願い申し上げます。❸

しかしながら、お客様からはご愛顧をたまわっておりますので、フランソワ・クープランのビオールのための作品が収められているCDを無料でお届けしたいと思います。
いかがでしょうか。❹
CDクラシック

variations » バリエーション

❶「…の場合、…は不可能です」
Nous ne changeons une commande que lorsque l'argent n'a pas encore été débité…

Une fois que l'argent a été encaissé, nous ne pouvons plus modifier la commande.
代金が支払われてしまえば、もはや注文を変更することはできません。

Si nous avons encaissé l'argent, il n'est plus possible de changer.
当社が代金を受領したら、もう変更は不可能です。

❷「…をご理解ください」
Nous espérons que vous nous comprendrez.

Comprenez que c'est la règle.
それが決まりだということをご理解ください。

Notre système est ainsi organisé.
当社の規定ではこのようになっております。

❸「あしからず」
J'espère que vous ne nous en tiendrez pas rigueur.

J'espère que vous ne serez pas fâché contre nous.
お気を悪くなさらないよう。

J'espère que vous ne prendrez pas cela mal.
悪くおとりにならないよう。

❹「…でいかがでしょうか」
Dites-nous si cela vous convient.

Dites si vous êtes d'accord avec notre proposition.
当社からの提案に同意するかどうか、お知らせください。

Est-ce que cela vous satisferait ?
それでご満足いただけますでしょうか？

---

point ▶▶▶ ポイント

- viole「ビオール（属）」は、15〜18世紀に用いられた弦楽器の総称。
  viole de gambe（ビオラ・ダ・ガンバ）
  チェロの前身。両脚に挟んで奏し、ビオール属の中心をなす楽器。
  viole de bras（ビオラ・ダ・ブラッチョ）
  腕で支えて奏するビオール（ガンバ属に対する用語）。
  viole d'amour（ビオラ・ダモーレ）
  ビオラ・ダ・ガンバ風の外見に、バイオリン属の奏法をもつ。

64 「了解しました」提案に同意する

✉63 に返信して、提案を受け入れることを伝えます。

Objet : Re: Re: Changement dans la commande

Madame/monsieur,

Merci de votre réponse. **Je comprends bien la situation❶** et **je suis d'accord avec votre solution❷** à savoir ⓐ recevoir gratuitement le CD de Couperin. **D'autant plus que c'est un musicien que j'aime beaucoup.❸**

J'apprécie votre offre et vous en remercie sincèrement. **Cela me conforte dans l'idée❹** du sérieux de votre site de vente de CD.

Votre fidèle cliente,

Ayumi Tanaka

件名：Re: Re: 注文の変更

担当者様
返信、ありがとうございます。**状況はよくわかりました。❶** 　クープランのCDの無料提供❷という貴社の解決案に賛成です。クープランは私の大好きな作曲家ですから。❸ⓐ
貴社の申し出を高く評価し、心からお礼申し上げます。このことで貴社のCD販売のウェブサイトが真摯な態度で運営されているものである**という思いをさらに強くしました。❹**
これからも利用し続けたいと思います。
タナカ・アユミ

variations 》 バリエーション

❶「了解しました」
Je comprends bien la situation.

Je comprends ce que vous m'expliquez.
ご説明はよくわかりました。

Ce que vous m'expliquez est logique.
貴社の説明はごもっともです。

❷「了解しました」
Je suis d'accord avec votre solution.

J'accepte votre proposition.
提案を受け入れます。

Je suis en accord avec vous.
解決案に合意します。

❸「それに…」
D'autant plus que c'est un musicien que j'aime beaucoup.

En plus, j'aime ce musicien.
そのうえ、私はこの作曲家が好きです。

Surtout que ce musicien est un de mes préférés.
ことにクープランは私のお気に入りの作曲家の一人です。

❹「…との思いを強くしました」
Cela me conforte dans l'idée ...

Cela prouve que votre site est sérieux comme je le pensais depuis toujours.
ずっと思っていたとおり、貴サイトが信頼のおけるものであると証明されました。

Je suis rassuré sur le sérieux de votre site.
貴社のウェブサイト運営の真摯な態度に安心しました。

---

point ▶▶▶ ポイント

ⓐ à savoir「すなわち、列挙するなら」
Il y a deux problèmes, à savoir le chômage et l'inflation.
(問題が2つある。失業とインフレだ)
Mon appartement a cinq pièces, à savoir deux chambres, un cabinet de travail, une salle de séjour et une salle à manger.
(私のアパルトマンには5つの部屋があります。すなわち、2つの寝室、仕事部屋、リビング、それと食堂です)

65 「シンポジウムを開催します」イベントの告知

サルトルに関するシンポジウムへの参加を呼びかけます。

Objet : Colloque Sartre

Cher Collègue,

Dans le cadre du colloque sur Sartre❶ que nous organisons en février à l'université Musashi, le Comité organisateur souhaite vous inviter afin que vous puissiez intervenir comme médiateur à des ateliers, mais aussi comme conférencier.

Le thème de votre conférence sera laissé à votre choix.

Il va sans dire que ❷ tous les frais seront pris en charge par notre université. ❸

Nous attendons votre accord avant de vous donner les précisions finales. ❹

Le Comité organisateur du colloque Sartre de l'université Musashi

---

件名：シンポジウム「サルトル」

関係者各位
2月に武蔵大学で開催される**サルトルに関するシンポジウムの一環として、❶**組織委員会は皆様に研究会の司会・進行役として、あるいは講演者として参加していただきたく、お願い申し上げます。
講演のテーマはご自由にお選びください。
申し上げるまでもなく、❷費用は一切、当大学が負担いたします。❸
最終的な詳しい説明を申し上げる前に、皆様からの参加への合意をお待ちします。❹
武蔵大学シンポジウム「サルトル」組織委員会

variations » バリエーション

❶「…に関して」
Dans le cadre du colloque sur Sartre...

À propos du colloque sur Sartre...
サルトルに関するシンポジウムの件…

En ce qui concerne le colloque Sartre...
シンポジウム「サルトル」については…

❷「当然のことですが…」
Il va sans dire que...

Il est tout naturel...
本当に当たり前のことですが…

C'est tout à fait normal...
まったく当然のことながら…

❸「費用は負担します」
Tous les frais seront pris en charge par notre université.

L'université payera tout.
当大学がすべて支払うことになっています。

Vous n'aurez rien à payer.
個人負担はまったくありません。

❹「お返事いただき次第…」
Nous attendons votre accord avant de vous donner les précisions finales.

Après votre accord, nous vous expliquerons les derniers points.
合意を確認後、最終的な説明をいたします。

Dès que vous aurez accepté, nous vous donnerons les dernières informations.
合意を得ましたら、最新情報をお伝えします。

---

point ▶▶▶ ポイント

- intervenir（自動詞。助動詞はêtre）「介入する、口をはさむ、発言する」

    La police est prete à intervenir.
    (警察は出動態勢を整えている)

    Les pompiers sont intervenus pour éteindre l'incendie.
    (消防隊が消火に出動した)

    Au cours du débat, je ne suis intervenu qu'une fois.
    (討論のあいだ、私は一度だけ発言した)

66 「興味があります。詳細を教えてください」
問い合わせる

✉65 に返信して、シンポジウム参加を伝えます。

Objet : Re: Colloque Sartre

Chers collègues,

Merci de **votre invitation qui me touche beaucoup.** ❶

Je serai évidemment très heureuse de participer à ce colloque qui s'annonce passionnant, ❷ **et ce d'autant plus que je ne suis jamais venue au Japon.** ❸

Je vous propose comme thème de ma conférence « l'influence de Sartre sur les mouvements gauchistes japonais dans les années 60-70 ».

Pourriez-vous rapidement me préciser la date exacte de mon intervention et du colloque, ainsi que **les thèmes des tables rondes ?** ❹

Je vous en remercie d'avance.

Cordiales salutations,

Corinne Laborde

件名：Re: シンポジウム「サルトル」

組織委員会の皆様
お招きに感謝いたします。大いに心を動かされました。❶
ひじょうに面白いものになると期待されるこのシンポジウム❷に参加することをとてもうれしく思っています。日本には一度も行ったことがないのでなおさらです。❸
私の講演のテーマとしては「60〜70年代における日本の左翼運動へのサルトルの影響」を提案します。
私の講演とシンポジウムの正確な日程、および円卓会議のテーマを急ぎお知らせ願えますか？❹
以上、よろしくお願いいたします。
敬具
コリンヌ・ラボルド

variations »　バリエーション

❶「うれしく思います」
Votre invitation me touche beaucoup.

Je suis très honoré de votre invitation.
お招きたいへん光栄に思います。

Votre invitation me fait très plaisir.
お招きをとてもうれしく思います。

❷「面白そう」
Ce colloque s'annonce passionnant.

Ce colloque sera certainement très intéressant.
このシンポジウムはきっととても興味深いものであろう。

Je ne doute pas que ce colloque soit instructif.
このシンポジウムが有益なものであることを疑いません。

❸「…なのでなおさら…」
Et ce d'autant plus que je ne suis jamais venu au Japon.

Je serai très heureux aussi parce que c'est la première fois que je viendrai au Japon.
日本に行くのは初めてだということもあって、とてもうれしいです。

Comme je ne suis jamais venu au Japon, je suis encore plus contente.
日本には一度も行ったことがないので、さらにより満足しています。

❹「…をお知らせください」
Pourriez-vous préciser les thèmes des tables rondes ?

Pourriez-vous expliquer les sujets discutés par les professeurs à ces réunions ?
これらの会合において、教授たちが議論する主題についてご説明願えますか？

Quelles seront les idées discutées en commun ?
共通の討論テーマは何でしょうか？

---

point ▶▶▶ ポイント

- 関係代名詞 qui
  Merci de votre invitation qui me touche beaucoup.
  先行詞は votre invitation で、touche の主語。
  Ce colloque qui s'annonce passionnant.
  先行詞は ce colloque で、s'annonce の主語。
- s'annoncer ＋属詞「…となる兆しがある、…になりそうだ」
  Le temps s'annonce orageux.（雷雨になりそうな雲行きだ）
  Ça s'annonce bien.（さい先がよい）

67 「ご確認ください」返信を求める

✉66 に返信し、シンポジウムの詳細を伝えます。先方の確認を求める内容にします。

Objet : Re: Re: Colloque Sartre

Chère Madame,

Votre conférence à l'université Musashi aura donc lieu❶ le 16 février et **portera sur❷** l'influence de Sartre sur les mouvements gauchistes au Japon. Comme vous êtes une spécialiste de Sartre, **notre université se félicite de votre venue.❸ⓐ**

Le colloque se déroulera du 10 au 16 février.ⓑ Votre conférence clôturera le colloque le 16 février à 14 heures.

Nous attendons votre confirmation❹ sur la date aussi bien que sur le thème proposé.

Dans l'attente de votre réponse, recevez nos salutations les plus cordiales.

Yasuko Taguchi en charge du colloque

件名：Re:Re: シンポジウム「サルトル」

ラボルド様

武蔵大学においての先生の講演は2月16日を予定しております。❶ テーマは❷「日本の左翼運動へのサルトルの影響」でお願いいたします。先生はサルトルの専門家でいらっしゃるので、**先生にお越しいただけることを当大学は大変うれしく思っております。❸ⓐ**
シンポジウムは2月10日から16日まで開催される予定です。ⓑ 2月16日14時より行われる先生の講演がシンポジウムを締めくくることになります。
日程およびテーマについての**先生のご確認をお待ちしております。❹**
敬具
シンポジウム担当　タグチ・ヤスコ

variations » バリエーション

❶「○日に開催されます」
Votre conférence aura donc lieu...

La date de votre conférence sera...
先生の講演日程は…です。

La conférence se déroulera...
講演は…に開催されるでしょう。

❷「テーマは…となる予定です」
Votre conférence portera sur...

Le sujet de votre conférence sera...
先生の講演の主題は…でしょう。

L'intitulé de votre conférence sera...
先生の講演は…と題されるでしょう。

❸「…できて幸せです」
Notre université se félicite de votre venue.

Notre université se réjouit de vous avoir comme conférencier.
当大学は先生を講演者としてお迎えすることを喜んでおります。

Nous sommes heureux de vous accueillir.
私どもは先生をお迎えすることができて幸せです。

❹「返信お待ちしています」
Nous attendons votre confirmation...

Dites-nous si vous êtes d'accord sur la date et le thème.
日程およびテーマについてご承諾いただけますかどうか、お知らせください。

Nous attendons votre réponse affirmative.
先生からのご快諾の返信をお待ちしております。

---

point ▶▶▶ ポイント

ⓐ se féliciter de ...「…を喜ぶ、自慢する」
　Je me félicite de votre succès.（ご成功をうれしく思います）
　Je m'en félicite.（私はそれを誇りに思っています）

ⓑ se dérouler「展開される」
　La cérémonie s'est déroulée sans incidents.
　（式典はつつがなく執り行われた）
　Comment s'est déroulé le match ?
　（試合はどんな経過だったの？）

68 「了解しました」依頼を受ける

✉67 に返信して、講演の日程およびテーマを承知したことを伝えます。わからない点があれば、このときあわせて質問します。

Objet : Re: Re: Re: Colloque Sartre

Chère Madame Yasuko Taguchi,

Merci de ces précisions.❶ La date que vous me proposez **me convient tout à fait❷** et je confirme le thème de ma conférence.

J'aurai cependant une série de questions à vous soumettre.❸

Où serais-je hébergée❹ pendant la durée du colloque ? Quelqu'un m'attendra-t-il à l'aéroport Narita ou devrais-je me débrouiller pour rejoindre l'université ? Aurais-je le temps de visiter un peu Tokyo ou d'autres endroits ?

Merci de ces précisions.

Cordialement,

Corinne Laborde

件名：Re: Re: Re: シンポジウム「サルトル」

タグチ・ヤスコ様
詳細をお知らせくださり、ありがとうございます。❶　ご提案の日程は私にとって大変好都合です❷し、講演のテーマも承知いたしました。
しかしながら、お伺いしたいことがいくつかございます。❸
シンポジウム期間中の**宿泊先はどこになるのでしょうか？❹**　成田空港でどなたかが私を迎えてくださるのでしょうか、それとも自力で大学まで行くことになるのでしょうか？　東京やほかの場所を少し観光する時間はあるのでしょうか？
詳細をお知らせくださいますよう、お願いいたします。
心を込めて
コリンヌ・ラボルド

variations 》 バリエーション

❶「お返事ありがとうございます」
Merci de ces précisions.

Merci d'avoir répondu à mes questions de manière claire.
はっきり私の質問に答えてくださり、ありがとうございます。

Merci de m'avoir expliqué en détail.
詳しく説明してくださり、ありがとうございます。

❷「その日程で大丈夫です」
La date me convient tout à fait.

La date est parfaite pour moi.
日程は私にとって申し分ありません。

Je suis libre à cette période.
この期間、ほかに予定はありません。

❸「いくつか質問がございます」
J'aurai des questions à vous soumettre.

J'aurai des questions à vous poser.
いくつか質問がございます。

Permettez-moi encore quelques questions.
さらにいくつか質問させてください。

❹「宿泊はどうなりますか？」
Où serais-je hébergé ?

Où est-ce que je vais loger ?
私はどこに泊まるのですか？

Je dormirai où ?
私はどこで眠るのですか？

---

point ▶▶▶ ポイント

- se débrouiller「(話し言葉で) うまくやる、(困難を) 切り抜ける、何とかする」
  Il se débrouille tout seul.（彼は独りで何とかやっている）
  Je me débrouillerai pour trouver du travail.
  （何とかして仕事を見つけよう）
  Débrouillez-vous !（自分で何とかしなさい！）
- rejoindre「たどり着く」
  On peut rejoindre Paris par cet itinéraire.
  （この道順をたどれば、パリに到着します）

69 「ご確認ありがとうございました」確認の返信

✉ 68 の質問に答えます。

Objet : Colloque

Chère Corinne Laborde,

Merci de vos confirmations. Tout est donc maintenant clair. ❶
Le professeur Yasuko Taguchi m'a demandé de prendre contact avec vous pour toutes les questions d'organisation.
Vous serez logée dans un hôtel confortable tout près de l'université.
Bien sûr on vous attendra à l'aéroport avec une pancarte sur laquelle sera écrit le nom de l'université Musashi. **De là, on vous conduira** ❷ tout de suite à votre hôtel où vous pourrez vous reposer avant le début du colloque le lendemain. **Le soir tous les membres du Comité se proposent de dîner avec vous** ❸ **afin de faire connaissance.** ❹
Oui, il est prévu avant votre retour en France 3 jours où vous pourrez visiter un peu le Japon en compagnie d'un de nos collègues japonais.
J'espère que nous avons répondu à toutes vos questions, mais n'hésitez pas si vous en avez d'autres à nous poser.
Cordialement,

Hisako Nakano

件名：シンポジウム

コリンヌ・ラボルド様
ご確認ありがとうございます。これですべてが明確になりました。 ❶
先生とコンタクトをとって、手配上のすべての質問にお答えするよう、タグチ・ヤスコ教授から依頼を受けました。
宿泊先は大学のすぐ近くにある快適なホテルとなります。
もちろん、武蔵大学と書かれたプラカードを持って、空港までお迎えにあがります。そこからすぐにホテルまで**ご案内いたします** ❷ ので、翌日のシンポジウム開催までホテルでごゆっくりお休みください。
夜は、お近づきになるために、❹組織委員会の全メンバーが先生とお食事を共にするつもりです。❸
われわれ日本人の同僚の1人がお供をして、先生が少し日本を観光できますように、先生がフランスに帰国される前の3日間をそれに当てる予定です。
先生のすべての質問にお答えしたつもりですが、ほかにご不明な点がございましたら、ご遠慮なくお申し出ください。
心を込めて　ナカノ・ヒサコ

variations　»　バリエーション

❶「ご確認ありがとうございます」
Merci de vos confirmations. Tout est donc maintenant clair.

Merci de votre accord. Maintenant tout est réglé.
ご承諾ありがとうございます。これですべて整いました。

Merci de votre assentiment. A présent, tout est parfait.
ご同意ありがとうございます。これで完璧です。

❷「そこからご案内します」
De là on vous conduira...

De l'aéroport on vous amènera...
空港から…へお連れいたします。

A partir de l'aéroport on vous accompagnera...
空港から…へお送りいたします。

❸「…することを望んでいます」
Le soir les membres du Comité se proposent de dîner avec vous.

Le soir on vous propose de dîner ensemble.
夜は、一緒に食事をしてくださいますよう、提案いたします。

Tous ceux qui ont organisé le colloque souhaiteraient dîner en votre compagnie.
シンポジウムを組織した者、全員が先生と夕食を共にすることを望んでおります。

❹「…のために」
... afin de faire connaissance.

... pour apprendre à se connaître.
知り合うことができるように…

... en l'honneur de notre première rencontre.
私たちの初めての出会いを記念して…

---

point ▶▶▶ ポイント

● 関係代名詞の複合形：lequel, laquelle, lesquels, lesquelles
　Voilà le projet auquel je pense en ce moment.
　（それが今、私が考えている計画です）
　C'est la raison pour laquelle il n'est pas venu.
　（そんなわけで彼は来なかったのです）
　Je cherche les motifs pour lesquels elle a abandonné son projet.
　（私は彼女がなぜ計画を放棄したのか、その理由を探っている）

70 「お尋ねします」語学学校への問い合わせ

夏期講習の登録について問い合わせます。

Objet : Inscription aux cours

Madame, Monsieur,

J'ai bien reçu le programme des cours d'été que propose votre école. ⓐ Je voudrais m'inscrire aux cours de langue française et de civilisation/histoire. Mais je ne comprends pas bien comment faire, et quels sont les cours que je peux prendre. **Sur votre site cela n'est pour moi pas clairement indiqué.** ❶ Vous proposez par exemple 21 heures de cours par semaine avec 15 heures de langue et 6 heures de civilisation/histoire. Or je préférerais suivre moins de cours de langue et davantage d'histoire. Est-ce que cela est possible ? **Et si oui,** ❷ **y aurait-il des différences de prix ?** ❸
D'autre part, **connaissez-vous des lieux d'hébergement qui ne soient pas trop loin de l'école ?** ❹ⓑ En effet l'année dernière, dans une autre école en France, j'avais eu des problèmes à ce sujet et perdu beaucoup de temps en transport.
Merci de me répondre rapidement afin que je puisse m'inscrire.
Avec mes salutations distinguées,

Eri Watanabe

件名：講習会の登録

担当者様
貴校の提案する夏期講習のプログラム、たしかに受け取りました。ⓐフランス語および文明・歴史の講座に登録したいと思っています。
しかし、どうしたらいいのか、受講可能な講座はどれなのか、よくわかりません。**貴校のウェブサイトでははっきり示されていないように思います。**❶
たとえば、週21時間の講座があります。内訳は語学15時間、文明・歴史6時間。私としては語学の時間を少なく、歴史の時間を多く受講したいのです。それは可能なのでしょうか？
もし可能だとしたら、❷**授業料は変わってくるのでしょうか？**❸
もう一点、**学校からそう遠くない場所に宿泊施設があるかご存じですか？**❹ⓑ 実は、昨年、フランスのほかの学校で、宿泊場所の問題があって、通学でかなり時間をロスしてしまったのです。私が登録できますよう、急ぎ返信をお願いいたします。敬具
ワタナベ・エリ

variations　»　バリエーション

❶「…がわかりません」
Sur votre site, cela n'est pour moi pas clairement indiqué.

Votre site n'explique pas bien les différentes possibilités de choix de cours.
貴校のウェブサイトは講座選択のさまざまな可能性をはっきり説明していません。

Je ne comprends pas vraiment votre site.
貴校のウェブサイトが私にはよくわかりません。

❷「可能でしたら…」
Et si oui...

Dans le cas où c'est possible...
それが可能な場合は…

Si la réponse est positive...
もし返事が肯定的であるならば…

❸「費用は変わりますか？」
Y aurait-il des différences de prix ?

Le prix change-t-il si je souhaite plus de cours d'histoire ?
歴史の時間を多くしたら、授業料は変わりますか？

Le prix va-t-il augmenter ?
授業料は上がりますか？

❹「…はありますか？」
Connaissez-vous des lieux d'hébergement qui ne soient pas trop loin de l'école ?

Est-ce qu'il y a des endroits pour dormir près de l'école ?
学校の近くに泊まる場所はありますか？

Pouvez-vous trouver assez près de l'université une chambre ?
大学のかなり近くに部屋を見つけてくださいますか？

---

point ▶▶▶ ポイント

- 関係代名詞
  ⓐ先行詞は les cours d'été で、propose の直接目的語補語になっている。
  関係代名詞 que によって導かれる文節の主語が名詞で、動詞がほかに直接の補語を持たない場合、主語と動詞の倒置が可能。動詞 propose の主語は votre école。
  ⓑ先行詞は des lieux d'hébergement で、soient の主語。関係代名詞節の動詞は、直説法が原則だが、先行詞が不特定の場合、接続法が用いられる。

71 「お問い合わせありがとうございます」 問い合わせへの返信

✉ 70に返信して、問い合わせに答えます。

Objet : Re: Inscription aux cours

Mademoiselle Watanabe,

Merci tout d'abord d'avoir choisi notre école et **de nous faire confiance.** ❶

En ce qui concerne l'hébergement, nous avons des chambres qui sont à peine à 15 minutes à pied de l'école. Cela devrait vous satisfaire.

Pour ce qui est des cours, ❷ vous pouvez, si vous voulez, prendre davantage de cours d'histoire et moins de cours de langue sans que le prix change. Mais **il faudra faire attention à ce que les cours ne se chevauchent pas.** ❸

Je vous fais parvenir ci-joint le bulletin de préinscription qu'**il vous faudra remplir soigneusement.** ❹

Cordialement,

Liliane Servier, responsable des inscriptions

件名:Re: 講習会の登録

ワタナベ様

当校を選んでくださり、また**信頼をお寄せくださり、ありがとうございます。**❶
宿泊に関しましては、学校から徒歩で15分足らずのところに部屋がございます。ご満足いただけるものと思います。
講座につきましては、❷授業料は変わらずに、歴史の時間を多く、語学の時間を少なく受講することが可能です。しかし、**講座の時間が重ならないように気を付けなければなりません。**❸
予備登録用紙を添付しますので、**必要事項をもれなくご記入ください。**❹
心を込めて
リリアンヌ・セルヴィエ、登録部門責任者

variations　»　バリエーション

❶「お問い合わせありがとうございます」
Merci de nous faire confiance.

Merci de faire confiance à notre école et à nous autres les responsables.
当校、および私ども責任者に信頼をお寄せくださり、ありがとうございます。

Merci d'avoir confiance dans notre organisation.
われわれの組織に信頼をお寄せくださり、ありがとうございます。

❷「…の件」
Pour ce qui est des cours...

En ce qui concerne les cours...
講座に関しましては…

Parlons à présent des cours.
では、講座についてお話ししましょう。

❸「…の際には注意が必要です」
Il faudra faire attention à ce que les cours ne se chevauchent pas.

Il faut faire attention quand vous choisissez pour qu'il n'y ait pas 2 cours au même moment.
講座を選択する際、同じ時間帯に2講座とならないよう注意が必要です。

Évitez de choisir 2 cours qui ont lieu au même moment.
同じ時間帯に行われている講座を2つ選ばないようにしてください。

❹「もれなくご記入ください」
Il vous faudra remplir soigneusement le bulletin.

Vous devrez remplir le bulletin en faisant attention à ne rien oublier et à ne pas faire de fautes.
遺漏なきよう、間違いのないよう、注意して記入してください。

Remplissez le bulletin avec une grande précision.
本当に正確に記入してください。

---

point ▶▶▶ ポイント

● sans que ＋接続法「…することなしに」
主節の主語と異なるときに用いる。

Je suis sorti sans qu'on s'en aperçoive.
（私は人に気付かれずに抜け出した）

Sans qu'elle dise rien, j'avais tout deviné.
（彼女は何も言わなかったが、私はすべてを見抜いていた）

72 「住所を教えてください」事務連絡

📩 71 に返信して、予備登録したことを伝えます。

Objet : Re: Re: Inscription aux cours

Madame Servier,

J'ai fait ma préinscription pour les cours d'été❶. Je dois à présent vous expédier un acompte de 150 euros par mandat postal bancaire.❷ Mais pour faire cela il me faut❸ l'adresse postale de l'agence de votre banque. C'est ce qui est demandé dans les formulaires japonais et sans cette adresse je ne pourrais vous envoyer l'argent.ⓐ

Merci donc de me faire parvenir le plus rapidement possible cette adresse❹ postale bancaire afin que je puisse effectuer le paiement.

Je vous remercie d'avance,

Eri Watanabe

件名：Re: Re: 講習会の登録

セルヴィエ様

夏期講習の予備登録を済ませました。❶　現在、私は銀行の郵便為替で前払金150ユーロを送らなければなりません。❷　ところがそれには貴校の銀行の支店の住所が必要です❸。日本の用紙ではそれを記入しなければならず、その住所なしでは送金することができません。ⓐ
送金ができるように、**できるだけ早く銀行の住所をお知らせください❹**ますよう、お願いいたします。
以上、よろしくお願いいたします。
ワタナベ・エリ

variations » バリエーション

❶「…を済ませました」
J'ai fait ma préinscription pour les cours d'été.

J'ai rempli le fichier qui me permettra ensuite de m'inscrire.
ファイルに記入しました。これで登録が可能となるでしょう。

J'ai effectué la première étape de mon inscription.
登録の第1段階を済ませました。

❷「…しなければなりません」
Je dois à présent expédier un acompte par mandat postal bancaire.

Je dois maintenant, envoyer une partie de l'argent par la poste.
今度は、お金の一部を郵便で送らなければなりません。

Il me faut vous expédier à présent un à-valoir par voie postale.
現在、郵便で前払いをしなければなりません。

❸「…が必要です」
Pour cela il me faut...

J'ai besoin de...
私は…を必要としています。

Il est nécessaire pour moi d'avoir...
私には…を持つことが必要です。

❹「できるだけ早くお知らせください」
Merci donc de me faire parvenir le plus rapidement possible cette adresse.

Il me faudrait très vite recevoir cette adresse.
早急に銀行の住所を知る必要があるのですが。

J'attends cette adresse avec impatience.
銀行の住所を首を長くして待っています。

---

point ▶▶▶ ポイント

ⓐ cesser, oser, pouvoirなどの動詞は、neが単独で否定を表すことがある。

Il ne cesse de le répéter.
(彼らは絶えずそれをくり返している)

Je n'ose essayer.
(私にはやってみる勇気はない)

Je ne peux l'affirmer.
(私にはそれは断言できない)

73 「ご案内します」問い合わせへの返信

✉ 70に返信して、夏期講習中に実施される校外カルチャー教室の情報を伝えます。

Objet : Sorties culturelles

Mlle Watanabe,

Je suis en charge❶ des sorties culturelles de notre école de français cet été. Sur notre site nous n'avions pas indiqué ces possibilités, car **rien n'avait alors été décidé.❷**

Nous proposons donc pendant ce stage linguistique, des sorties culturelles naturellement facultatives mais qui pourraient vous intéresser. Sont ainsi prévues des visites des châteaux de la Loire, des sorties cinéma, théâtre, concert, etc. Bien entendu, **il faudra payer un surplus❸** suivant le nombre de sorties que vous choisirez.

Tout cela vient d'être mis à jour sur notre site. **Reportez-vous-y❹** car je suis sûr que vous trouverez nombre de ces activités intéressantes. En outre ci-joint un fichier qui résume ces activités.

Cordialement,

Victor Lebranché

件名：校外カルチャー教室

ワタナベ様

私は今夏、当フランス語学校の校外カルチャー教室を担当している者です。❶ 当校ウェブサイトにこの催しは掲載されておりません。**当時は何も決まっていなかった❷**からです。

この度、語学研修中に校外カルチャー教室を開催する運びとなりました。もちろん、希望者を対象とした催しですが、ご興味をもっていただけるものと思います。予定されておりますのは、ロワールの古城見学、映画・演劇鑑賞、コンサートなどです。ただし、参加を希望される催しの数によって**追加料金をお支払いいただくことになります。❸**

当校のウェブサイトを更新したところですので、**そちらをご参照ください。❹** 多くの催しにご興味をもっていただけるものと確信しております。また、これらの催しの要約ファイルを添付いたします。

敬具

ヴィクトール・ルブランシェ

variations » バリエーション

❶「私は…の担当です」
Je suis en charge...

Je suis chargé de…
私は…を任されています。

Je suis responsable de…
私は…の責任者です。

❷「まだ決まっていませんでした」
Rien n'avait alors été décidé.

Ces sorties n'étaient pas vraiment prévues.
これらの催しは本当に実施されるかどうかはっきりしていませんでした。

On n'avait pas pris de décision concernant ces sorties culturelles.
校外カルチャー教室に関する決定はなされていませんでした。

❸「追加料金がかかります」
Il faudra payer un surplus.

Il faudra payer en plus.
余分にお支払いいただくことになります。

Le prix des sorties n'est pas compris dans le prix des cours.
校外授業の料金は講習受講料には含まれていません。

❹「…をご参照ください」
Reportez-vous-y.

Allez sur notre site.
当校のウェブサイトに行ってください。

Regardez le site.
ウェブサイトをご覧ください。

---

point ▶▶▶ ポイント

- Ainsi＋倒置文
  Ainsi parlait Zarathoustra.（ツァラトゥストラはかく語りき）
  Ainsi s'est terminée son aventure.（かくして彼の冒険は終わった）
- se reporter à qc「…を参照する」
  Reportez-vous à la note de la page 53.
  （53ページの注を参照せよ）
  ＊à la note de la page 53を代名詞に置き換えるとReportez-vous y.となる。

74 「お返事ありがとうございます」お礼

✉ 73 に返信して、感謝と要望を伝えます。

Objet : Re: Re: Sorties culturelles

Monsieur Lebranché,

Merci pour toutes ces informations précieuses. ❶

Je suis allée sur votre site, mais je n'ai pour l'instant pas trouvé les renseignements concernant ces sorties culturelles. **Merci de le mettre à jour** ❷ comme vous l'annonciez. **Je n'ai pas non plus reçu** dans votre dernier courriel, **le fichier joint.** ❸

Pourriez-vous réessayer ❹ d'envoyer ce fichier et voir s'il y a un problème ?

Je vous en remercie par avance,

Eri Watanabe

件名：Re:Re: 校外カルチャー教室

ルブランシェ様
貴重な情報❶をありがとうございました。
貴校のウェブサイトに行ってみましたが、今のところ、校外カルチャー教室に関する案内を見つけることはできませんでした。お知らせくださったように**更新していただけますよう、お願いいたします。**❷　また、いただいたメールには**ファイルが添付**❸されていなかったことも、お伝えしておきます。
もう一度添付ファイルを送信してみていただけますか?❹　また、何か問題があるのかを確認していただけますか?
以上、よろしくお願いいたします。
ワタナベ・エリ

variations 》 バリエーション

❶「情報ありがとうございます」
Merci pour toutes ces informations précieuses.

Merci de toutes ces informations très importantes.
ひじょうに重要な情報をありがとうございます。

Merci pour ces explications indispensables.
不可欠な説明をありがとうございます。

❷「…してください」
Merci de mettre à jour votre site.

Merci d'ajouter les renseignements concernant les sorties culturelles sur votre site.
サイトに校外カルチャー教室関連の案内を追加してくださいますようお願いします。

Merci d'actualiser le site.
ウェブサイトの更新をしてくださいますようお願いいたします。

❸「添付がありません」
Je n'ai pas reçu de fichier joint.

Il n'y avait aucun fichier joint dans votre courriel.
いただいたメールには何の添付ファイルもありませんでした。

Aucun fichier n'accompagnait votre mél.
いただいたメールには何のファイルも添付されていませんでした。

❹「…してください」
Pourriez-vous réessayer d'envoyer ce fichier ?

Serait-il possible d'essayer d'envoyer à nouveau ce fichier ?
再度ファイルを送信してみていただくことは可能でしょうか？

Essayez d'envoyer encore une fois ce fichier par un autre moyen.
もう一度、ほかの方法でファイルを送信してみてください。

---

point ▶▶▶ ポイント

- 形容詞dernierの意味
  「最後の、最終の」
  dernier train（終電車）, dernière édition（(新聞の)最終版）, dernière année du xxᵉ siècle（20世紀最後の年）
  「最近の、最新の、この前の」
  nouvelles de la dernière heure（最新ニュース）, dernier livre d'un auteur（作家の新刊書）
  ＊時を表す名詞の後：l'an dernier(=l'année dernière)（去年）, le mois dernier（先月）, la semaine dernière（先週）, samedi dernier（先週の土曜日）

75 「…に満足しておりません」クレームをつける

派遣されてきたベビーシッターに満足できない家族が、派遣会社にクレームをつけ、代わりとなるベビーシッターを要求します。

Objet : Baby-sitter

Madame,

Mon mari et moi-même ne sommes pas du tout satisfaits ❶ⓐ de notre garde d'enfant que nous avons recruté grâce à votre site, baby-sitter.fr En effet **cette demoiselle passe largement plus de temps ❷** à préparer ses cours et à faire ses devoirs universitaires ⓑ qu'à s'occuper de notre fils de 13 mois. De plus, en notre absence elle fume, alors que **nous avions convenu qu'elle devait se passer de tabac. ❸**

Serait-il possible de vous demander de nous proposer quelqu'un d'autre ❹ qui ne soit pas étudiant, mais un peu plus professionnel ?

Dans l'attente de votre réponse, recevez, Madame, nos salutations les plus sincères.

Ayako Nakata

件名:ベビーシッター

担当者様

貴社ウェブサイトbaby-sitter.frを通じて募集したベビーシッターですが、主人も私自身もまったく満足しておりません。❶ⓐ　実際、このお嬢さんは、私達の13カ月になる息子の面倒を見ることよりも、講義準備、大学の課題をすることに、より多くの時間をかけています。❷ⓑ　そのうえたばこは吸わないと取り決めていた❸にもかかわらず、私たちの留守中にたばこを吸っているのです。

学生ではなく、もう少しプロの人をどなたか紹介していただけないでしょうか?❹
返信をお待ちします。
敬具
ナカタ・アヤコ

variations　》　バリエーション

❶ 「満足できません」
Nous ne sommes pas du tout satisfaits.

Nous ne sommes absolument pas contents.
私たちは全然満足していません。

Elle ne nous convient pas.
彼女は私たちの希望に合いません。

❷ 「…に時間を費やしています」
Cette demoiselle passe largement plus de temps à…

Cette demoiselle passe beaucoup plus de temps à…
このお嬢さんは…にはるかに、より多くの時間をかけています。

Elle s'occupe de ses affaires personnelles.
彼女は個人的な用事に時間を費やしています。

❸ 「…を取り決めていました」
Nous avions convenu qu'elle devait se passer de tabac.

Nous avions décidé qu'elle devait arrêter de fumer.
私たちは彼女がたばこを吸うのをやめると決定していました。

Nous nous étions mis d'accord pour qu'elle arrête le tabac.
私たちは彼女がたばこをやめることで同意していました。

❹ 「…していただくことはできますか？」
Serait-il possible de vous demander de nous proposer quelqu'un d'autre ?

Pourriez-vous nous présenter une autre personne ?
ほかの人を紹介していただけますか？

Nous aimerions engager une autre baby-sitter.
ほかのベビーシッターを雇いたいのですが。

---

point ▶▶▶ ポイント

ⓐ 主語人称代名詞 nous が省略されている。
　Mon père et moi, [nous] l'avons fait.
　（父と私、[私たち] がそれをしました）

ⓑ passer ＋期間＋à＋不定詞 「…して…を過ごす」
　J'ai passé des heures à pleurer.
　（私は何時間も泣いて過ごした）
　Elle passe son temps à ne rien faire.
　（彼女はずっと何もしないでいる）

76 「申し訳ございません」謝罪する

75の顧客からのクレームに返信します。謝罪して、ほかのベビーシッターを派遣することを伝えます。

Objet : Re: Baby-sitter

Chère Madame Nakata,

Nous sommes absolument désolés que l'actuelle garde d'enfant ne vous satisfasse pas. ❶ⓐ Mais nous comprenons très bien. **Nous allons donc vous proposer** ❷ des personnes plus libres, dont c'est l'activité principale.

Il faut cependant savoir ❸ que les tarifs ne seront pas les mêmes puisque les prestations seront celles de professionnelles.

Dès la semaine prochaine, **nous vous enverrons** ⓑ **quelqu'un à l'essai** ❹ en espérant qu'elle vous satisfera.

Eléonore Faure

件名：Re: ベビーシッター

ナカタ様
派遣したベビーシッターがお客様を満足させることができず、誠に申し訳ございません。❶ⓐ
お怒りはごもっともです。今度は、もっと時間的に余裕があり、ベビーシッターを主要な仕事としている者をご紹介いたします。❷
しかしながら働き方はプロのそれとなりますので、ベビーシッター代は同じではないことをご承知おきください。❸
来週早速、**試しにほかの者を伺わせます。**❹ⓑ　ご満足いただけることを願っております。
エレオノール・フォール

variations »　バリエーション

❶「申し訳ございません」
Nous sommes désolés que l'actuelle garde d'enfant ne vous satisfasse pas.

Nous sommes navrés d'apprendre que vous n'êtes pas content de votre garde d'enfant.
お客様がそのベビーシッターにご満足でないことを知り、恐縮しております。

Quel dommage que votre baby-sitter ne réponde pas à vos attentes.
そのベビーシッターがお客様のご期待に添わないのは、たいへん残念なことです。

❷「ご提案します」
Nous allons donc vous proposer...

Nous vous suggérons donc...
今度は…をお客様にご提案いたします。

Nous vous soumettons donc...
今度は…をお客様の判断にゆだねます。

❸「ご理解ください」
Il faut savoir...

Vous devez savoir...
承知していただきたいのですが…

Vous devez comprendre...
理解していただきたいのですが…

❹「…してみましょう」
Nous vous enverrons quelqu'un à l'essai.

Quelqu'un viendra pour quelques jours afin de voir si il vous convient.
お客様のご期待に添えるかどうか見るために、ほかの者が数日間の予定で伺います。

Nous allons essayer avec une autre garde d'enfant.
ほかのベビーシッターで試してみることにいたしましょう。

---

point ▶▶▶ ポイント

ⓐ désolé que ＋接続法「…を残念・遺憾に思う」
　satisfasseは、satisfaireの接続法現在。
ⓑ enverronsは、envoyerの直説法単純未来。

77 「部屋はありますか？」問い合わせ

ホテルの部屋を予約するにあたって、条件を問い合わせます。

Objet : Demande d'informations

Madame, Monsieur,

Pour réserver une chambre dans votre hôtel, je suis allée sur votre site. ❶

J'aurai quelques questions à vous poser :
- **Auriez-vous des chambres disponibles** ❷ pour la période **du 15 au 20 septembre inclus ?** ❸
- Est-il possible dans une chambre pour deux de mettre un lit supplémentaire pour un enfant de 5 ans et si oui quel sera le prix ?
- Y a-t-il un parking disponible non loin de l'hôtel ? ❹

Merci pour toutes ces informations qui me permettront de réserver en toute connaissance de cause.

Veuillez recevoir mes salutations distinguées,

Nao Kurokawa

件名：問い合わせ

担当者様
貴ホテルの部屋を予約するために、ウェブサイトに行きました。❶
いくつかお尋ねしたいことがあります：
―9月15日から20日（20日も含む）の期間、❸利用できる部屋はありますでしょうか？❷
―2人用の部屋に5歳の子どものためのベッドを追加してもらうことは可能でしょうか？可能だとしたら、料金はいくらでしょうか？
―ホテル周辺に利用可能な駐車場はありますか？❹
ご返答、よろしくお願いいたします。それによって、事実を踏まえて予約することができるでしょう。
敬具
クロカワ・ナオ

variations » バリエーション

❶ 「サイトを拝見しました」
Pour réserver une chambre dans votre hôtel, je suis allé sur votre site.

J'ai regardé votre site pour réserver une chambre.
部屋を予約するために、貴ウェブサイトを拝見しました。

Votre site m'a donné des informations.
貴ウェブサイトで情報を得ました。

❷ 「部屋はあいていますか？」
Auriez-vous des chambres disponibles ?

Auriez-vous des chambres libres ?
空いている部屋はありますでしょうか？

Vos chambres sont-elles toutes occupées ?
部屋はすべてふさがっていますか？

❸ 「…の予定で」
Du 15 au 20 septembre inclus.

Jusqu'au 21 septembre à midi.
9月21日の正午まで。

Pour 6 nuitées.
6泊の予定で。

❹ 「…はありますか？」
Y a-t-il un parking disponible non loin de l'hôtel ?

Peut-on trouver un parking tout prêt de l'hôtel ?
ホテルのすぐ近くに駐車場を見つけることはできますか？

Ce serait commode de parquer sa voiture à proximité de l'hôtel.
ホテル近辺に車を駐車できると便利なのですが。

---

point ▶▶▶ ポイント

- en connaissance de cause 「よく事情を心得て」
  Je vous donne ce conseil en connaissance de cause.
  （私は事情を心得ている者としてこの忠告をあなたにしているのです）
  en toute connaissance de cause の toute は、connaissance を修飾する不定形容詞。
- avoir qc à＋不定詞 「…すべき…がある」
  J'ai une question à vous poser. （あなたにすべき質問がある）
  Il n'a rien à faire. （彼は何もすることがない）

78 「お問い合わせの件…」問い合わせへの返信

✉ 77 に返信して、問い合わせに答えます。

Objet : Re: Demande d'informations

Mme Kurokawa,

J'ai bien reçu votre courriel concernant vos demandes d'informations.

Pour la période qui vous intéresse ❶ nous avons effectivement des chambres libres. Et pour un enfant de 5 ans, **nous ajouterons un lit sans frais supplémentaires. ❷** Il y a effectivement un parking à 10 minutes de l'hôtel. Ci-joint le plan du parking par rapport à l'hôtel.

Si vous avez d'autres demandes, n'hésitez pas. **Nous nous ferons un plaisir de répondre le mieux que nous pourrons à toutes vos demandes ❸ⓐ** supplémentaires.

Ci-joint également les tarifs des différentes chambres.

Nous attendons de vos nouvelles ❹,

La direction de l'hôtel

件名：Re: 問い合わせ

クロカワ様
お問い合わせの件、メール拝受しました。
さて、ご要望の期間中ですが、❶お部屋のご用意は可能です。5歳のお子様につきましては**追加料金なしでベッドをお入れします。❷** 駐車場は、当ホテルから10分のところにございます。駐車場から当ホテルへの地図を添付いたします。
その他、ご不明の点がございましたら遠慮なくお尋ねください。**私どもがお客様のご要望にお応えできますれば幸いです。❸ⓐ**
部屋ごとの料金表も添付しました。
お返事お待ちしております。❹
ホテル支配人室

3 オフィシャルメール

variations　»　バリエーション

❶「…の期間」
Pour la période qui vous intéresse...

La période du 15 au 20 septembre inclus.
9月15日～20日（この日を含む）までの期間。

La période où vous voulez séjourner à l'hôtel.
当ホテルにご宿泊を希望される期間。

❷「…しても料金は同じです」
Nous ajouterons un lit sans frais supplémentaires.

Le prix de la chambre sera le même bien que nous ajoutions un lit en plus pour votre enfant.
お子様用のベッドを追加したとしても、室料は同じです。

Il n'y aura rien de plus à payer.
追加でお支払いいただくことはございません。

❸「何なりとお尋ねください」
Nous nous ferons un plaisir de répondre le mieux que nous pourrons à toutes vos demandes.

Nous serons ravis de répondre au mieux à toutes les questions que vous avez encore.
ご質問にお答えできますれば幸甚です。

Nous nous mettons à votre disposition pour toutes questions...
何なりとご用命ください。

❹「お返事お待ちしています」
Nous attendons de vos nouvelles.

Nous attendons votre prochain courriel.
次のメールをお待ちしております。

Nous restons à votre écoute.
ご要望にお応えする所存です。

---

point ▶▶▶ ポイント

ⓐ 先行詞が最上級の場合、関係代名詞節では接続法が用いられるが、pouvoir が不定詞を伴わないときは直説法。
　le mieux que je peux（できるだけよく）

79 「予約をお願いします」予約する

✉ 78 を読んで、そのホテルに予約することにしたことを伝えます。

○ Objet : Réservation

Madame, Monsieur,

J'ai bien pris connaissance ❶ de vos tarifs et des réponses à mes questions dans votre dernier courriel.

Je désire donc ❷ réserver une chambre double avec salle de bains et douche (lit supplémentaire pour un enfant), **petit déjeuner compris, ❸** pour la période du 15 au 20 septembre inclus, c'est-à-dire pour 6 nuits.

Merci de me faire parvenir la confirmation de cette réservation. ❹

Avec mes salutations distinguées,

Nao Kurokawa

件名：予約

担当者様
料金と先のメールでご案内いただきましたこと、**納得いたしました。❶**
風呂・シャワー付きのダブル1部屋（子ども用ベッド追加）を**朝食付きで❸**9月15～20日までの6泊、予約したいと思います。❷
予約の確認をしていただけますでしょうか。❹
敬具
クロカワ・ナオ

variations » バリエーション

❶「了解しました」
J'ai bien pris connaissance...

Merci de vos renseignements et des réponses à mes questions.
ご案内および質問に対するお返事ありがとうございます。

J'ai bien compris vos tarifs et les réponses.
料金とお返事について理解いたしました。

❷「…したいのですが」
Je désire donc...

Je souhaiterais donc...
…したいのですが。

J'ai donc décidé de...
…しようと決めました。

❸「…は料金に含まれます」
Petit déjeuner compris.

Le petit déjeuner est compris dans le prix.
朝食は料金に含まれます。

Le petit déjeuner ne coûte rien.
朝食は無料です。

❹「…をお待ちしています」
Merci de me faire parvenir la confirmation...

J'attends la confirmation de ma réservation.
予約の確認をお待ちしています。

Dites-moi si tout est clair.
不明な点がないかお知らせください。

---

point ▶▶▶ ポイント

● ホテルに関する単語
un hôtel（ホテル）／une auberge de jeunesse（ユースホステル）／une pension（食事付き宿泊）／une chambre simple（シングルルーム）／une chambre double（ダブルルーム）／une chambre à deux lits（ツインルーム）／une chambre pour trois personnes（3人部屋）／une suite（スイートルーム）／une douche（シャワー）／une salle de bains（浴室、バスルーム）

80 「提出期限を延期させてください」 担当教授へのお願い

論文の提出期限に間に合いません。理由とともに、担当教授に提出期限延期のお伺いをたてます。

Objet : Report

Monsieur le Professeur Siary,

Je devais vous rendre cette semaine mon mémoire ⓐ sur l'immigration en France au XIXe siècle.

Mais je n'ai pas terminé ce travail, car depuis plus de 2 semaines **j'ai de la fièvre suite à une méchante grippe.** ❶

Pourrais-je vous rendre mon travail dans un mois ? **Cela serait pour moi un grand soulagement.** ❷

Je vous prie de m'excuser pour ce contretemps ❸ et j'espère **que vous comprendrez ma situation.** ❹

Recevez Monsieur le Professeur, mes salutations les plus distinguées,

Yoshie Maeda

件名：延期

シアリー教授
「19世紀におけるフランスの移民」についての論文を今週提出することになっていましたⓐが、2週間以上前から**たちの悪いインフルエンザが原因の発熱が続いており、**❶いまだに論文を書き終えておりません。
そこで、提出を1カ月後とさせていただくことはできますでしょうか。**そうしていただけると大変助かるのですが。**❷
ご迷惑をおかけいたします❸が、**ご理解いただければと思います。**❹
よろしくお願いいたします。
マエダ・ヨシエ

variations　》　バリエーション

❶「風邪をひきました」
J'ai de la fièvre suite à une méchante grippe.

Je suis fiévreuse, car j'ai une grippe très forte.
とてもひどいインフルエンザにかかり、熱があります。

J'ai une grippe tenace.
しつこいインフルエンザにかかっています。

❷「そうすれば…できるのですが」
Ce serait pour moi un grand soulagement.

Je pourrais alors finir tranquillement mon travail d'écriture, sans paniquer.
そうすれば慌てることなく、落ち着いて執筆を終わらせることができるのですが。

Je pourrais continuer à écrire calmement.
冷静に書き続けることができるのですが。

❸「遅れて申し訳ありません」
Je vous prie de m'excuser pour ce contretemps.

Excusez-moi de ce retard.
遅れて申し訳ありません。

Ne me tenez pas rigueur ne pas avoir respecté les dates.
期日を守れなかったこと、ご容赦ください。

❹「ご容赦ください」
J'espère que vous comprendrez ma situation.

J'espère que vous comprendrez les circonstances particulières dans lesquelles je me trouve.
私が今、置かれている特殊な状況をご理解ください。

J'espère que vous m'excusez de ce retard.
遅れますことをお許しください。

---

point ▶▶▶ ポイント

ⓐ devoirの半過去は、条件法過去と同じく、実現されなかった義務を示すことがある。ここでは、J'aurais dû vous rendre mon mémoire.（論文を提出しなければならなかったのだが）と同じ意味。

81 「事情はわかりました」申し出を了承する

✉ 74 に返信して、期限延期を認めることを伝えます。

Objet : Re: Report

Mlle Yoshie,

Je comprends votre situation, mais❶ je vous rappelle que **la soutenance aura lieu❷** dans un mois et qu'il ne nous reste plus beaucoup de temps pour revoir ensemble votre travail.

Il ne faudrait pas qu'un nouvel incident vienne à reporter❸ⓐ encore une fois la remise de votre mémoire.

Je compte donc absolument sur vous pour me le remettre dans un mois, **sans faute.❹**

Gérard Siary, université Montpellier III

件名：Re:延期

ヨシエさん
状況はわかりましたが、❶口頭試問は１カ月後❷で、あなたの論文を一緒に見返す時間はあまりないことは断っておかねばなりません。
延期につながるような**不測の事態は一度限りにしてください。❸ⓐ**
１カ月で**間違いなく❹**仕上げてくれることを期待しています。
モンペリエ第三大学　ジェラール・シアリー

variations » バリエーション

❶「事情はわかりますが…」
Je comprends votre situation, mais…

Je comprends votre problème, cependant…
問題は理解しましたが…

Votre excuse est valable, mais
謝罪は認めますが…

❷「…に行われる予定です」
La soutenance aura lieu…

La présentation de votre mémoire se déroulera…
論文の発表は…に行われます。

La date où vous présenterez votre travail devant le jury sera…
審査員の前で論文発表をする日程は…です。

❸「…はできません」
Il ne faudrait pas qu'un nouvel incident vienne à reporter…

Il n'est pas possible qu'un nouveau problème reporte…
新たな問題が起きても延期することはできません。

Je ne pourrais pas accepter que vous repoussiez encore la date…
再度延期するようなことは認められません。

❹「確実に」
Sans faute.

De manière certaine.
確実に。

Sans nouveaux délais.
さらなる遅れなしで。

---

point ▶▶▶ ポイント

ⓐ venir à+不定詞「(突発・不測の事態が) 万一にも…する、たまたま…する」
   S'il venait à mourir, que deviendraient ses enfants ?
   (彼が死ぬようなことにでもなったら、子どもたちはどうなるのだろう？)
   Si vous venez à passer par là, entrez chez moi.
   (近くへお越しの折には、我が家にお立ち寄りください)

82 「それは認められません」申し出を却下する

家族の不幸を理由に再度期限延期を申し出てきたことについて、それは認められないこと、期限までに提出するように伝えます。

Objet : Re: Re: Report

Mlle Yoshie,

Vous me demandez un nouveau report suite au décès ❶ soudain de votre grand-mère.

Je comprends que vous vouliez retourner en cette pénible circonstance au Japon **pour les funérailles. ❷**

Mais cela ne devrait pas vous empêcher de remettre votre travail à la date fixée. ❸ Comme je vous l'ai expliqué dans mon dernier courriel, je ne peux plus accepter de report.

J'attends donc votre mémoire **comme convenu. ❹**

Gérard Siary, université Montpellier III

件名：Re: Re: 延期

ヨシエさん
ご祖母様の突然の逝去による再度の延期の申し出をいただきました。❶
つらい状況で、葬儀のため日本に帰りたいという気持ちはわかります。❷　しかし、決められた期限を先延ばしにしていいことにはなりません。❸　すでに先のメールで説明したように、さらなる延期は認めることができません。
取り決めどおりに❹論文が提出されることを望みます。
モンペリエ第3大学　ジェラール・シアリー

variations 》 バリエーション

❶「…なので」

Vous me demandez un nouveau report suite au décès...

Vous me demandez un nouveau délai à cause du décès...
逝去を理由にまた延期をしてくれということですね。

Vous souhaitez rendre votre travail plus tard parce que votre grand-mère est morte.
ご祖母様がお亡くなりになったので論文提出を延期したいとのこと。

❷「気持ちは理解できます」

Je comprends que vous vouliez retourner pour les funérailles.

Je comprends votre désir d'assister aux funérailles.
葬儀に参列したいという気持ちはわかります。

Votre souhait d'être présent aux funérailles est naturel.
葬儀に参列したいと願うのは当然です。

❸「しかしながら…の理由にはなりません」

Cela ne devrait pas vous empêcher de remettre votre travail à la date fixée.

Vous pouvez quand même remettre votre travail à la date fixée.
それでもあなたは期日に論文を提出できます。

Ce n'est pas une excuse pour repousser la date.
それが期限延期の言い訳にはなりません。

❹「決められたとおり」

Comme convenu.

Comme décidé.
決めたように。

Comme fixé.
決められたとおりに。

---

point ▶▶▶ ポイント

● comprendre que + 接続法 「…をもっともだと思う」（=concevoir, ne pas s'étonner)
　Je comprends qu'elle soit fâchée.
　（彼女が怒っているのももっともです）
　Je ne comprends pas qu'il puisse s'ennuyer.
　（彼が退屈するなんて考えられない）

83 「お電話した件、よろしくお願いします」
要望を伝える

レストランの予約を確認し、席に関する要望を伝えます。

○ Objet : Confirmation réservation

Madame,

Suite à notre rendez-vous téléphonique, ❶ je voulais vous confirmer ma réservation pour une table de deux personnes, le 15 février au soir. ⓐ

Pourriez-vous nous trouver une table dans un coin tranquille ❷ car nous fêtons notre anniversaire de mariage ? **Nous aimerions être en tête à tête** ❸ et donc peu visibles des autres clients. **J'espère que cela ne vous dérangera pas trop.** ❹

Merci d'avance de tous les efforts que vous consentez pour nous,

Christine Aubry

件名：予約確認

担当者様
電話でお願いしたように❶、2月15日夜、2人の席の予約を確認したくメールしました。ⓐ
結婚祝いをしたいので、**静かな一角に席をとっていただけますか？**❷　二人きりになりたい❸ので、ほかのお客さんの視線が届きにくい席を希望します。**ご迷惑をおかけしますが、よろしくお願いします。**❹
ご協力にあらかじめ感謝申し上げます。
クリスティーヌ・オーブリー

variations » バリエーション

❶「過日の電話のとおり…」
Suite à notre rendez-vous téléphonique...

Après notre conversation téléphonique...
電話でのお話のあと…

Après notre coup de fil.
先日の電話のとおり…

❷「…がいいです」
Pourriez-vous nous trouver une table dans un coin tranquille ?

Nous aimerions être à l'écart des autres clients.
ほかのお客さんから離れているのが望ましいです。

Nous souhaiterions une place dans un endroit où personne ne nous dérange.
誰にも邪魔されない場所を希望しています。

❸「…を希望します」
Nous aimerions être en tête à tête.

Nous aimerions que les autres clients ne nous remarquent pas trop.
ほかのお客さんが私たちにあまり気付かないようにしてください。

Nous souhaiterions être entre nous, sans voisin immédiat.
すぐ近くにはほかのお客さんがいないような、二人だけの空間を望みます。

❹「お手数おかけします」
J'espère que cela ne vous dérangera pas trop.

J'espère que ce sera possible.
可能だといいのですが。

En espérant ne pas trop vous importuner.
ご迷惑でありませんように。

---

point ▶▶▶ ポイント

ⓐ この半過去は要求・願望を緩和するための用法。
　Je venais vous demander un service.
　（お願いがあって伺ったのですが）

84 「ご利用ありがとうございます」予約の確認

83に返信して、予約を受け付けたこと、要望に沿うような席を用意したことを伝えます。

Objet : Re: Confirmation réservation

Madame Aubry,

Encore une fois merci d'avoir choisi ⓐ notre restaurant.

Il va sans dire que ❶ nous comprenons **votre souci de discrétion ❷** et que nous allons tout faire ⓑ pour vous satisfaire dans ce domaine.

Nous réservons donc la table au fond, isolée, **à l'abri des regards ❸ pour les 20 heures ❹,** comme convenu.

Recevez, Mme Aubry, nos plus profondes salutations.

Le Directeur du Restaurant,

André Bonnard

件名：Re: 予約確認

オーブリー様
当レストランをご指名いただきⓐ、今一度お礼申し上げます。
申し上げるまでもなく、❶目立たないようにというお気持ち❷は十分理解しております。この点に関しましてはご満足いただけるものと存じます。ⓑ
それでは、ご要望どおり、**20時に❹**店内の一番奥、離れて人目に触れないところに❸お席をご用意してお待ちしております。
敬具
レストラン支配人　アンドレ・ボナール

variations » バリエーション

❶「もちろん」
Il va sans dire que...

Évidemment.
もちろん。

Cela tombe sous le sens.
それは明白なことです。

❷「ご心配よくわかります」
Nous comprenons votre souci de discrétion.

Nous comprenons votre préoccupation de passer inaperçu.
人目につかないようにとの気がかりはよくわかります。

Nous comprenons votre désir de ne pas être importuné.
邪魔されたくないというご要望に沿いたいと思います。

❸「人目につかずに」
A l'abri des regards.

Loin des regards.
人目を避けて。

Où personne ne vous voit.
誰にも見られずに。

❹「20時ごろ」
Pour les 20 heures.

Aux environs de 20 heures.
20時ごろ。

À peu près à 20 heures.
だいたい20時に。

---

point ▶▶▶ ポイント

ⓐ avoir choisi は不定詞複合形で完了を表す。
　Merci de m'avoir prévenu.（知らせてくれてありがとう）
　Il croit l'avoir lu.（それを読んだと思う）
　J'espère avoir fini demain.（明日には終えたいと思っている）
ⓑ tout は不定詞 faire の直接目的補語。
　tout は不定詞の直前に置く。
　Il peut tout faire.（彼は何でもできる）
　à tout prendre（要するに）

85 「詳細をお教えください」情報提供を依頼する

ネットでの署名活動の内容について質問します。

Objet : Demande de précisions

J'ai lu votre pétition en ligne ❶ avec attention et **elle m'a convaincu. ❷ Néanmoins ❸** je souhaiterais avoir des précisions.

N'y a-t-il pas, concernant les problèmes financiers qui mettent votre festival de poésie en péril, ⓐ d'autres sources de financement ? ⓑ **D'autre part, ne pourriez-vous** vous associer à d'autres villes afin de continuer à proposer ce festival **?** ❹

Merci de vos réponses, et bravo pour cette pétition qui vise à préserver ⓒ la culture.

Bon courage,

Thomas Adrien

件名：詳細について

オンラインで署名活動のことを注意深く拝読しました。❶ 納得いくものだった❷のですが、❸いくつか詳細をお尋ねしたいと思います。
詩の祭典を窮地に陥れている財政的な問題ⓐについてですが、ほかの財源ⓑはないのですか？
また、このフェスティバルを開催し続けるためにほかの町と組むことはできないのですか？❹
お返事に感謝、そして文化を保存しようという署名活動ⓒにエールを送ります。
頑張ってください。
トマ・アドリアン

variations　»　バリエーション

❶「拝読しました」
J'ai lu votre pétition en ligne.

J'ai vu votre pétition sur internet.
ネットでの請願を拝見しました。

J'ai remarqué votre texte à signer sur internet.
ネットで署名のための文書が目にとまりました。

❷「賛成です」
Elle m'a convaincu.

Je suis entièrement d'accord avec votre pétition.
あなたの署名活動に全面的に賛成です。

Vos propositions sont excellentes.
あなたの提案は素晴らしいです。

❸「しかしながら…」
Néanmoins ...

Cependant ...
しかしながら…

Toutefois ...
それでも…

❹「…はできないのですか？」
D'autre part, ne pourriez-vous... ?

De plus, ne serait-il pas possible de... ?
さらに…することは可能ではないのですか？

En plus, pourquoi ne pas... ?
加えて、なぜ…しないのですか？

---

point ▶▶▶ ポイント

ⓐ qui mettent votre festival en péril は qui mettent votre festival en danger と言い換えることができる。

ⓑ d'autres sources de financement pour votre festival は d'autres manières de financer pour votre festival と言い換えることもできる。

ⓒ qui vise à préserver は qui a pour objectif de conserver と言い換えることもできる。

86 「ご賛同ありがとうございます」協力に感謝する

✉85 の質問に答え、協力に感謝の意を伝えます。

Objet : Re: Demande de précisions

Cher Monsieur,

Tout d'abord merci de soutenir notre pétition❶ dont le but est de conserver ce festival de poésie malgré la région qui a décidé de ne plus offrir de subventions.ⓐ

Nous n'avons pour l'instant pas d'autres sources de financement et **un tel festival** gratuit au public, **demande beaucoup d'argent.** ❷

Nous ne pensons pas qu'il serait possible d'engager un partenariat avec une autre villeⓑ : ce festival est associé à notre ville et perdrait sinon son caractère.

Merci de votre intérêt et **nous restons évidemment à votre disposition pour** ❸ tout autres questions.

Et n'oubliez pas bien sûr de ❹ signer cette pétition en ligne !

Le Comité de défense du festival de poésie

件名：Re:詳細について

まず最初に、当局が助成金打ち切りを決定したⓐにもかかわらずフェスティバルを存続させようという私たちの署名活動にご賛同いただきありがとうございます。❶
目下のところ私たちにはほかの財源はなく、観衆に無料で提供される**このようなフェスティバルには莫大な費用がかかります。**❷
ほかの町とパートナーシップを結ぶという可能性ⓑは考えられません。というのも、このフェスティバルはわが町に根付いており、その特徴を失うことにもなるからです。
ご関心に感謝、その他ご質問ございましたら喜んでお答えいたします。❸
ネット上の署名もぜひ忘れずにお願いいたします。❹
詩の祭典保存委員会

variations » バリエーション

❶「ご支援ありがとうございます」
Merci de soutenir notre pétition.

Merci de signer notre texte.
文書にご署名、ありがとうございます。

Merci de défendre ce festival.
このフェスティバルを守ろうと思ってくださり、ありがとうございます。

❷「たくさんのお金が必要です」
Un tel festival demande beaucoup d'argent.

Ce festival coûte très cher.
この種のフェスティバルはひじょうに高くつきます。

Il faut beaucoup d'argent pour organiser ce festival.
この種のフェスティバルの運営にはたくさんのお金が必要です。

❸「お尋ねください」
Nous restons à votre disposition pour...

Nous sommes prêts à répondre à vos autres questions.
ほかのご質問にお答えする準備がございます。

Posez-nous d'autres questions et nous vous répondrons.
その他ご質問ください、お答えいたします。

❹「…するのをお忘れなく」
N'oubliez pas bien sûr de...

Pensez à...
…のことをお考えください。

Choisissez de...
…することをお決めください。

---

point ▶▶▶ ポイント

ⓐ de ne plus offrir de subventions は、de ne plus nous donner d'argent や d'arrêter de nous subventionner と言い換えることもできる。

ⓑ d'engager un partenariat avec une autre ville は、de s'associer à une autre ville や de faire ce festival avec une autre ville と言い換えることもできる。

87 「サービスを提供します」サービスの告知

新しいウェブサイトのサービス内容を紹介します。

Objet : Site onsokupdetout ⓐ

À tous et à toutes,

Ce site propose ou recherche des services. ❶ De la garde des animaux domestiques, en passant par des cours de cuisine, des leçons de chinois, ou encore des aides à domicile, ⓑ **nous vous proposons tout ce dont vous auriez besoin.** ❷

Vous pouvez vous aussi proposer **vos services que nous mettrons en ligne.** ❸

Adhérez au site ❹ qui vous rendra la vie plus facile.

Onsokupdetout

件名：Onsokupdetout ⓐのサイトについて

皆様

このサイトはさまざまなサービスを提供し、検索します。❶　ペットの世話から料理講習、中国語のレッスン、在宅介護ⓑまで、**必要なサービスをご提供します。**❷
あなたが提供したいサービスをネットに掲載することも可能です。❸
生活をより豊かにするこのサイトにご加入ください。❹

Onsokupdetout

variations » バリエーション

❶「…を提供します」
Ce site propose ou recherche des services.

Sur ce site vous trouverez l'aide que vous souhaitez.
このサイトであなたが望むサービスが見つかります。

Vous pouvez aussi proposer votre aide si vous avez une spécialité.
得意分野があれば、サービスを提供することもできます。

❷「必要なサービスをご提供します」
Nous vous proposons tout ce dont vous auriez besoin.

Il y a tout ce que vous désirez.
お望みのものは何でもあります。

Vous trouverez sûrement votre bonheur.
きっとあなたの幸せがみつかります。

❸「…を掲載します」
Nous mettrons vos services en ligne.

Nous mettrons sur notre site l'aide que vous proposez.
あなたが提供するサービスをサイトに掲載します。

Nous afficherons votre proposition d'aide sur la page d'accueil de notre site.
あなたのサービスを私たちのサイトのトップページに掲載します。

❹「ご加入ください」
Adhérez au site.

Inscrivez-vous sur le site.
サイトにご登録ください。

Participez au site.
サイトにご参加ください。

---

point ▶▶▶ ポイント

ⓐ on s'occupe de tout は「すべてを引き受けます（＝何でも屋）」
on s'occupe de vous だと「ご用件を伺います（＝あなたのメイド）」の意。

ⓑ des aides à domicile で「在宅介護」。

88 「加入を希望します」サービスに登録する

87のウェブサイトに加入する意志があることを伝えます。

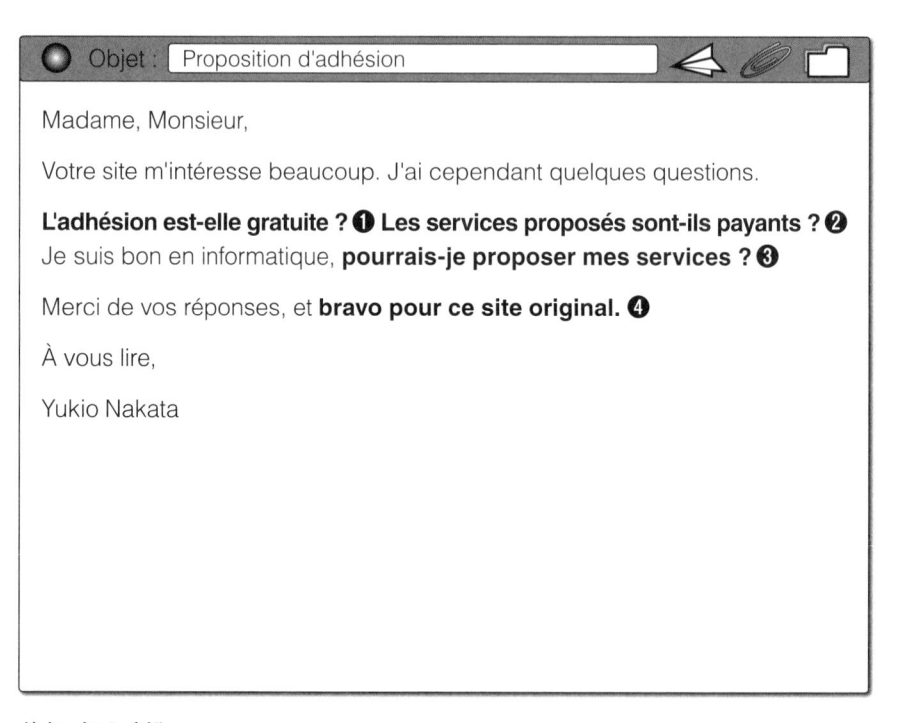

Objet : Proposition d'adhésion

Madame, Monsieur,

Votre site m'intéresse beaucoup. J'ai cependant quelques questions.

L'adhésion est-elle gratuite ? ❶ **Les services proposés sont-ils payants ?** ❷
Je suis bon en informatique, **pourrais-je proposer mes services ?** ❸

Merci de vos réponses, et **bravo pour ce site original.** ❹

À vous lire,

Yukio Nakata

件名：加入希望

担当者様
サイトを興味深く拝見しました。いくつか質問があります。
加入は無料でしょうか?❶　**受けるサービスは有料でしょうか?**❷　ITに強いのですが、**サービスを提供することはできますか?**❸
ご返信お待ちしています。**すてきなサイトにブラボー。**❹
ナカタ・ユキオ

variations　»　バリエーション

❶「無料ですか？」
L'adhésion est-elle gratuite ?

Pour s'inscrire sur le site, est-ce qu'il faut payer ?
サイトに登録するのに支払いは必要ですか？

Y a-t-il des frais d'inscription ?
登録料はかかりますか？

❷「有料ですか？」
Les services proposés sont-ils payants ?

Est-ce qu'il faut payer la personne qui nous propose son aide ?
サービスの提供者に支払う必要はありますか？

L'aide est-elle bénévole ?
サービスは無償ですか？

❸「参加できますか？」
Pourrais-je proposer mes services ?

Est-ce que je peux moi aussi offrir mon aide ?
私もサービスを提供できますか？

Puis-je participer à l'élaboration du site ?
サイトの作成に私も参加することができますか？

❹「敬意を表します」
Bravo pour ce site original.

Félicitations pour cette idée très nouvelle.
このとても新しい考えに喝采。

Merci de proposer ce nouveau service.
この新しいサービスの提案に感謝。

---

point ▶▶▶ ポイント

- intéresser qn「人の興味を引く」
  Ce genre de film n'intéresse pas le grand public.
  (この種の映画は大衆受けしない)
  Plus rien ne l'intéresse que le travail.
  (彼［女］はもう仕事以外の何にも関心を示さない)
  Cela ne m'intéresse pas.（私はそんなことに興味がない）
- être bon en ...（　が得意である）
  Il est bon en chimie.（彼は化学がよくできる[得意だ]）

89 「年会費が必要です」条件を提示する

✉ 88 の質問に答えて、加入を促します。

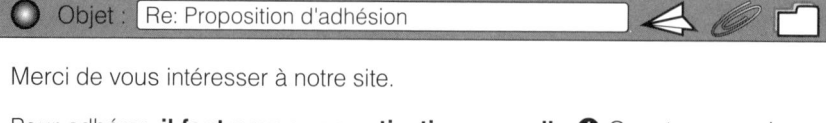

Objet : Re: Proposition d'adhésion

Merci de vous intéresser à notre site.

Pour adhérer, **il faut payer une cotisation annuelle.** ❶ Quant aux services, ils sont gratuits **mais il faut rendre un service à un autre adhérent.** ❷ Sinon, ⓐ **il faudra payer une petite somme qui couvre surtout les frais** ❸ de déplacement de la personne, etc.

Vous pouvez proposer vos services en informatique à nos adhérents, mais nous avons déjà un spécialiste pour s'occuper de notre site.

Adhérez à notre site et **faites-en la publicité autour de vous !** ❹ⓑ

L'équipe du site « onsukupdetout »

件名：Re: 加入希望

サイトへのお問い合わせありがとうございます。
加入にあたっては、**年会費が必要です。**❶　サービスに関しては、あなたもほかの会員に**サービスを提供すれば**❷無料です。そうでなければⓐ交通費程度の**費用がいくらか**❸かかります。
会員にあなたのITサービスを提供することは可能ですが、私たちのサイトの運営にはすでに技術者がおりますので、念のため。
サイトにご加入のうえ、**周囲の人たちに当サイトの宣伝をしてください。**❹ⓑ
Onsokupdetoutサイト運営チーム

variations » バリエーション

❶「年会費が必要です」
Il faut payer une cotisation annuelle.

Chaque année il faut payer une certaine somme.
毎年いくらかの額を払わなければなりません。

Il faut renouveler la cotisation tous les ans.
会費を毎年更新しなければなりません。

❷「…しなければなりません」
Il faut rendre un service à un autre adhérent.

Il faut que vous rendiez aussi un service à quelqu'un sur le site.
サイトの誰かにあなたもサービスを提供する必要があります。

Il faut à votre tour aider quelqu'un.
あなたも誰かを助けなければなりません。

❸「費用がいくらかかかります」
Il faudra payer une somme qui couvre les frais.

Il faudra payer de l'argent pour rembourser les frais de la personne qui vous aide.
あなたを手伝ってくれた人が負担した費用を返済しなければなりません。

Il faudra payer pour que la personne qui vous aide rentre dans ses frais.
あなたを手伝ってくれた人が経費を回収できるようにお金を出さなければなりません。

❹「ご紹介ください」
Faites la publicité autour de vous !

Parlez à vos amis de notre site !
お友達に当サイトについて話してください！

Présentez notre site aux gens que vous connaissez !
お知り合いに当サイトを広めてください！

---

point ▶▶▶ ポイント

ⓐ sinon (=si + non)（接続詞）「そうでなければ」
　Pars tout de suite, sinon tu manqueras le dernier train.
　（すぐに出なさい、さもないと最終電車に乗り遅れますよ）
　Elle doit être malade, sinon elle serait déjà venue.
　（彼女は病気に違いない、そうでなければもう来ているはずだ）

ⓑ Faites la publicité de notre site autour de vous !
　＊ de notre site を代名詞に置き換えると Faites en la publicité autour de vous ! となる。

90 「提案お待ちしています」意見を募る

テレビ番組を紹介し、視聴者の参加を呼びかけます。

Objet : Appel à témoins

Vous êtes sur le point de divorcer, **votre couple bat de l'aile,❶ les disputes se multiplient parfois pour des peccadilles,❷ tout va à vau-l'eau.❸** Que faire ?

Si vous souhaitez témoigner, envoyez un mél à l'émission « C'est à débattre », en indiquant vos coordonnées téléphoniques, vos noms et prénoms, en quoi votre profil peut nous intéresser et les moments où l'on peut vous joindre.

Si votre cas nous intéresse, nous vous inviterons à participer en direct à notre émission, non sans vous en avoir expliqué les modalités.

Vous pouvez aussi proposer d'autres thèmes.❹

Tous à vos méls !

L'équipe de « C'est à débattre »

件名：参加者募集

離婚の危機、うまくいかないカップル、❶些細なことからすぐに口げんか❷に、すべてが悪化の一途❸…そんなとき、あなたならどうしますか？
証言したいなら、連絡先とお名前、あなたのプロフィールで私たちが興味を示しそうな点、連絡可能な時間帯を明記のうえ、番組「みんなで討論しよう」までメールをください。
面白いケースにつきましては、番組に生放送でご参加いただきます。もちろん、事前に方式をご説明いたします。
ほかのテーマのご提案もお待ちしています。❹
みんながあなたのメールを待っています！
「みんなで討論しよう」製作チーム

variations 》 バリエーション

❶「うまくいっていない」
Votre couple bat de l'aile.

Votre couple va très mal.
カップルがまったくうまくいっていない。

Vous ne vous entendez plus du tout avec votre conjoint.
パートナーともう全然意見が合わない。

❷「すぐけんかになる」
Les disputes se multiplient pour des peccadilles.

Vous vous disputez de plus en plus pour des petites choses.
小さなことでますます口げんかするようになっている。

Vous vous querellez pour des riens.
くだらないことでけんかする。

❸「すべてうまくいかない」
Tout va à vau-l'eau.

Rien ne va plus.
もうすべてうまくいかない。

Toute votre vie de couple s'effondre.
カップルとしての生活がすべて崩壊した。

❹「提案お待ちしています」
Vous pouvez aussi proposer d'autres thèmes.

Il vous est possible de nous indiquer d'autres sujets.
当番組で扱ってほしい主題がほかにありましたら、お寄せください。

Vous êtes libre de choisir d'autres problèmes sociétaux.
ほかの社会問題をご自由にお選びください。

---

point ▶▶▶ ポイント

- 疑問詞＋不定詞

Que faire ?	どうしたらよいだろう？
A qui se fier ?	誰を頼ったらよかろうか？
Quelle attitude prendre ?	いかなる態度をとるべきか？
Où aller ?	どこへ行ったらいいだろう？
Comment dire ?	さあ何と言ったらよいか？

91 「楽しく拝見しています」ファンメール

✉ 90 に答え、番組にいくつかのテーマを提案します。

○ Objet : Re: Appel à témoins

Madame, Monsieur,

C'est avec beaucoup d'intérêt que j'ai lu votre mél❶ et que **je suis régulièrement toutes les semaines votre émission❷ⓐ** qui est passionnante.

Permettez-moi de vous soumettre trois thèmes❸ pour votre émission. **Tout d'abord** le thème des vieilles personnes qui vivent seules. Elles sont de plus en plus nombreuses, c'est un problème. **Puis, en second lieu,** le problème des femmes qui élèvent un enfant seul. **Enfin,❹** l'indifférence des gens vis-à-vis des SDF qui est la preuve de notre égoïsme.

Merci encore pour votre magnifique émission.

Bon travail,

Mathilde Renaison

件名：Re: 参加者募集

担当者様
メール、大変関心をもって拝読しました。❶　また、**毎週欠かさずとても面白いと思って番組を見ている者です。❷ⓐ**
番組テーマを3つ提案させてください。❸　まず、独り暮らしのお年寄りです。次第にその数が増えており、問題です。そして次に、シングルマザーの問題。**最後に、❹**私たちのエゴイズムの証しであるホームレスに対する人々の無関心です。
いつもすてきな番組をありがとうございます。
グッジョブ！
マティルド・ルネゾン

variations » バリエーション

❶「メール拝読しました」
C'est avec beaucoup d'intérêt que j'ai lu votre mél.

J'ai lu précisément votre mél.
ちょうど、貴番組のメールを読みました。

Votre mél est très interessant.
メール、大変興味深く思いました。

❷「いつも楽しく拝見しています」
Je suis régulièrement toutes les semaines votre émission.

Je ne manque jamais votre émission.
番組を見るのを欠かしたことはありません。

Je suis toujours fidèle à votre émission.
番組はいつも欠かさず拝見しています。

❸「3つのテーマを提案します」
Permettez-moi de vous soumettre trois thèmes.

Je souhaiterais vous proposer trois sujets.
3つのテーマを提案したいと思います。

D'autres débats pourraient intéresser les téléspectateurs.
ほかの議論が視聴者には受けるでしょう。

❹「まず…そして…最後に…」
Tout d'abord... puis en second lieu... enfin...

En premier lieu... ensuite... finalement...
まず…そして…最後に…

Le premier... le deuxième... le dernier...
第1番目に…第2番目に…最後に…

---

point ▶▶▶ ポイント

ⓐ suivre は直接目的補語をとる。
「…に続く」Le printemps suit l'hiver.（冬の次に春が来る）
「…をたどる」Suivez ce chemin.（この道を行きなさい）
「注意深く見守る」
Il a suivi un match de football à la télé.（彼はサッカーの試合をテレビで見守った）
「（話などに）ついていく」
Vous me suivez ?（（説明のときに念を押して）よろしいですか？）

92 「逝去されました」訃報

同僚の逝去を知らせ、哀悼の意を表します。

○ Objet : Décès

Chers tous,

Nous avons la douleur ❶ de vous faire part du décès de notre collègue, François Simon, **survenu le 16 septembre.** ❷

Les obsèques, selon le vœu de la famille, se dérouleront dans l'intimité. ❸

Nous organiserons évidemment une cérémonie à sa mémoire sur notre lieu de travail.

Il sera regretté par tous ❹ car au fil des années, il avait su montrer sa compétence et sa générosité.

Dans cette triste circonstance, je vous demande à tous discrétion et recueillement.

Nous adressons à sa famille nos plus sincères condoléances et toute notre sympathie.

Cordialement vôtre,

Régis Dubois, responsable de la DRS (Direction des Ressources humaines)

件名：逝去

各位

みなさんに哀悼を込めて❶同僚のフランソワ・シモンが9月16日に❷突然亡くなったことをお知らせしなければなりません。

葬儀はご遺族の希望により身内で執り行われます。 ❸

私たちは職場で彼の慰霊のためにセレモニーを行いたいと思います。

長年にわたり、彼は能力と寛大さを示してきただけに、誰もが残念に思うことでしょう。❹

悲しい状況ではありますが、みなさんには慎み深さと内省を求めたいと思います。

彼のご家族に哀悼の意を表し、心よりお悔やみ申し上げます。

敬具

人事部長　レジス・デュボワ

variations » バリエーション

❶「哀悼を込めて」
Nous avons la douleur...

Nous sommes au regret...
私たちは…を遺憾に思います。

Nous sommes peinés...
私たちは…がつらいです。

❷「…に起きました」
Survenu le 16 septembre.

Qui a eu lieu le 16 septembre.
9月16日に起きました。

À la date du 16 septembre.
9月16日のこと。

❸「葬儀は…」
Les obsèques, selon le vœu de la famille, se dérouleront dans l'intimité.

Les obsèques, comme le désire la famille, seront réservées aux proches et à la famille seulement.
葬儀は、ご家族のご意向により、近親者と家族だけで営まれます。

Il n'y aura pas de cérémonie funéraire publique.
公式の葬儀は行われません。

❹「心中お察しします」
Il sera regretté par tous.

Tout le monde le regrettera.
みなが彼の死を悼むことでしょう。

Personne ne l'oubliera.
誰も彼のことを忘れないでしょう。

---

point ▶▶▶ ポイント

● faire part de qc à qn「…を人に知らせる」
J'ai fait part de mon mariage à mes amis.
(私は友人たちに結婚を知らせた)
Il m'a fait part de son départ.
(彼は私に出発を知らせた)
M.Jean Maurice a la douleur de faire part du décès de Jacques Maurice.
([死亡広告で]ジャック・モーリス儀、逝去いたしましたので、ここに謹んでご通知申し上げます。
喪主 ジャン・モーリス)

93 「お悔やみ申し上げます」お悔やみ

✉92の訃報を受け、お悔やみのメールを送ります。

Objet : Condoléances

Chers collègues,

De Tokyo **j'apprends avec stupeur la disparition brutale❶** de notre collègue François Simon et **j'en suis très attristé.❷ⓐ**

Je l'avais souvent croisé lors de mes séjours❸ en France et j'ai pu apprécier sa compétence ainsi que qualités humaines m'avaient également frappé.

Je compatis à votre peine❹ et vous adresse encore à tous mes plus sincères condoléances.

K. Nakahata

件名：お悔やみ

同僚各位
東京からの、同僚フランソワ・シモンの突然の訃報に驚きをもって接しました。❶ 大変悲しいことです。❷ⓐ
フランス滞在中は彼をよくお見かけしました。❸ 彼の能力は高く評価していますし、彼の人柄もまた強い印象を残しました。
みなさんの悲しみを分かち合う❹とともに、心からのお悔やみを申し上げます。
ナカハタ・K

variations » バリエーション

❶「驚きをもって…を知りました」
J'apprends avec stupeur la disparition brutale...

J'apprends avec émotion et surprise la disparition soudaine...
心の動揺と驚きをもって突然の死を知りました。

J'apprends avec étonnement la mort si brusque...
あまりに突然の訃報に驚きました。

❷「とても悲しいです」
Je suis très attristé.

J'ai beaucoup de peine.
とても心が痛みます。

Je suis très peiné.
とてもつらい思いです。

❸「よく…しました」
Je l'avais souvent croisé lors de mes séjours...

Je l'avais souvent rencontré lorsque je venais...
私が行ったときに、よく会いました。

Je le connaissais bien pour l'avoir rencontré pendant mes séjours...
私の滞在中に会ったことがあるので彼のことはよく知っています。

❹「お悔やみ申し上げます」
Je compatis à votre peine.

Je partage votre peine.
痛みを分かち合います。

Je m'associe à votre douleur.
悲しみを共にします。

---

point ▶▶▶ ポイント

ⓐ 代名詞enは、de sa disparitionを置き換えたもの。

● attrister「…を悲しませる」の用法

Je suis attristé de la voir travailler comme une folle.
（彼女ががむしゃらに働いているのを見ていると悲しくなってしまう）

La nouvelle de sa mort nous a profondément attristés.
（彼［女］の死の知らせは私たちを深く悲しませた）

Je m'attriste de le voir si déprimé.
（彼があんなに意気消沈しているのを見て私は悲しい）

コラム3

メール・インターネット関連用語

actualiser	更新する	insérer	挿入する
adresse mél	メールアドレス	installer	インストールする
aérobase	アットマーク	interface	インターフェース
afficher les options	オプションを表示する	internautes	ネットサーファー
aide	ヘルプ	inviter un ami	友人を招待する
ajouter un champ CC	CCに追加する	joindre un fichier	添付する
		libellés	文面、内容
ajouter un champ CCI	BCCに追加する	lien	リンク
		mél	メール
archiver	保存する	message envoyé	送信メッセージ
barre inclinée	スラッシュ	moteur de recherche	サーチエンジン
barre d'outils	ツールバー	mots-clefs	キーワード
blog	ブログ	navigation	ナビゲーション
boîte de réception	受信トレイ	navigateur	ブラウザ
brouillons	下書き	nouveau message	新着メッセージ
chat	チャット	objet	件名
clavier	キーボード	offrir Gmail à…	Gメールを…に送る
code	コード	page d'accueil	トップページ
comprimer	圧縮する	photos	写真、画像
copier/coller	コピー&ペースト	pourriel	迷惑メール
corbeille	ゴミ箱	rechercher sur la toile (web)	ウェブで検索する
connexion	ログイン		
correcteur	スペルチェッカー	rebouter (redémarrer l'ordinateur)	再起動する
courriel	メール		
curseur	カーソル	réponse automatique	自動返信
déconnexion	ログアウト		
déplacer vers	…へ移動させる	scanner	スキャンする
documents	文書	serveur	サーバー
en savoir plus	詳細はこちら	site	サイト
enregistrer	登録する	spam	スパム、迷惑メール
FAI (fournisseur d'accès à internet)	プロバイダー	souris	マウス
		supprimer	削除する、消去する
fermer	閉じる	télécharger	ダウンロードする
fichier	ファイル	valise	ファイル
fichier joint	添付ファイル	vidéos	動画
icône	アイコン	vider la corbeille	ゴミ箱を空にする
images	画像		

第4章

手紙・ポストカード

94 「みんな、元気？」旅先からの便り

旅先のパリから東京のみんなに絵はがきを出します。

Hello tout le monde,

Je suis à Paris. C'est génial! ❶ <u>Les terrasses des cafés sont remplies</u> ❷ et l'ambiance est très sympathique dans toute la ville. J'espère que ma carte postale arrivera bien.

Il fait beau et chaud, le Zouave du pont de l'Alma a les pieds secs. ⓐ <u>Je flâne le long des quais de la Seine,</u> ❸ mais les bateaux-mouches avec leurs touristes sont bruyants !

Demain je fais des achats : cadeaux pour tous, surprise garantie !

On se voit dans 2 semaines à Tokyo, <u>à moins que je ne rentre plus au Japon</u> ❹ⓑ car les rencontres sont toujours possibles !!!!

Kyoko

みなさんこんにちは。
パリにいます。**素晴らしいです。** ❶　カフェのテラスは**いっぱい**❷で、街中どこもいい雰囲気です。絵はがき、ちゃんと届くといいんだけど。
天気もよく暑くて、アルマ橋のズワーヴ兵の足は乾いています。ⓐ　**セーヌ川をぶらぶら歩いているところです**❸が、バトームーシュの観光客はにぎやかですね。
明日は買い物に行きます。みんなのお土産、期待してて！
２週間後に東京で会いましょう、**日本に帰らないなんてことがない限りはね。**❹ⓑ　なぜなら運命的な出会いがあるかもしれませんから！
キョウコ

variations » バリエーション

❶「最高！」
C'est génial !

C'est super !
最高です！

C'est super génial !
すごいです！

❷「たくさんの人がいます」
Les terrasses des cafés sont remplies.

Il y a beaucoup de monde aux terrasses.
テラスにはたくさんの人がいます。

Les terrasses sont prises d'assaut.
テラスに大勢の人が殺到しています。

❸「ぶらぶら歩いているところです」
Je flâne le long des quais de la Seine.

Je me promène au bord de la Seine.
セーヌ河畔を散歩しています。

Je me balade le long de la Seine.
セーヌ川に沿ってぶらぶらしています。

❹「…しない限りは」
À moins que je ne rentre plus au Japon !

Sauf si je ne reviens plus vivre au Japon !
日本での生活にもう戻らないのでなければ！

Mais on ne sait jamais peut-être je reste en France !
フランスにとどまるということがないとも限りません！

---

point ▶▶▶ ポイント

ⓐ 「ズワーブ兵の像の足が乾いている」とは、橋のたもとにある像のところまで水位が達していないことから、「セーヌ川は静かに流れている」ことを表す。

ⓑ à moins que ＋接続法 「…しない限りは、もし…でなければ」
La réunion aura lieu à moins qu'il (ne) pleuve à torrents.
（どしゃ降りでなければ集会は行われるでしょう）
＊neは虚辞。主節と従属節の主語が同一の場合は「à moins de ＋不定詞」を用いる。

95 「写真、すてきでしょ？」旅先からの便り

日本の松本からフランスの友人にポストカードを送ります。

Chers tous,

Cette vue du Château de Matsumoto est superbe non ? ❶ Il neige dans les Alpes japonaises et tant mieux. Le château noir avec son magnifique donjon, se découpe sur le manteau blanc des montagnes. ❷

Je rêve de l'histoire médiévale du Japon ❸ dans mon bain en plein air sous les flocons qui virevoltent. ❹ Le temps s'arrête, nous sommes à Edo à l'époque des samouraïs.

Après-demain, je retourne sur Tokyo, la ville, le bruit. Mais c'est très excitant et on découvre sans arrêt quelque chose au coin des rues dans cette immense ville.

Bises à tous et à bientôt en France, où j'espère tous vous retrouver en pleine forme pour la nouvelle année.

Marc

みんな

松本城からの眺め、最高じゃない？❶　日本アルプスに雪が積もって一段と。黒塗りの城と見事な天守閣が、山々の白いマントに際立っています。❷

雪の舞う露天風呂で❹、中世日本の歴史に思いをはせています。❸　時は止まり、侍のいた江戸時代にいます。

あさって、東京に戻ります、騒音の街へ。それも刺激的で、大都会のあちこちでは常に発見があるのですが。

みんなにキスを送ります。すぐ、フランスで会いましょう。みんなが元気に新年を迎えられることを祈ります。

マルク

variations　》　バリエーション

❶「いいでしょう？」
Cette vue du château de Matsumoto est superbe, non ?

Cette carte postale avec le château de Matsumoto est magnifique, n'est-ce pas ?
松本城のポストカード、すてきでしょ、どう？

Cette photo du château est impressionnante.
この城の写真は印象的です。

❷「見事な美しさです」
Le château noir avec son magnifique donjon, se découpe sur le manteau blanc des montagnes.

Le contraste entre le château noir et les montagnes blanches, est surprenant de beauté.
城の黒と山々の白のコントラストは見事な美しさです。

Le donjon noir se profile sur le fond blanc des montagnes.
天守閣の黒は山々の白に映えます。

❸「思いをはせています」
Je rêve de l'histoire médiévale du Japon.

Au pied du Château, je pense à l'histoire tumultueuse du Japon à la fin du Moyen-Âge.
城のふもとで、中世末期の日本の激動の歴史を想っています。

Je suis emporté vers le passé du Japon.
日本の過去へタイムスリップしています。

❹「いい気持ちです」
Dans mon bain en plein air sous les flocons qui virevoltent.

Je me détends dans mon bain brûlant alors que les flocons de neige tombent.
雪が舞っていますが、熱い風呂でリラックスしています。

Le bain brûlant dans l'air très froid, on se sent bien !
寒い空気の中の熱い風呂、いい気持ちです！

---

point ▶▶▶ ポイント

- tant mieux「それはよかった、しめた」
  Tu as eu une bourse ? Tant mieux [pour toi] !
  （奨学金をもらったって？　よかったね！）
- tant pis「それは気の毒、しかたがない」
  Il n'a pas été élu, tant pis.
  （彼は落選した、しかたがない）
  ＊mieux, pisは副詞bien, malの優等比較級。pisは、現在では主に成句的表現で用いられ、ふつうはplus malを使う。

96 「家族のみんな」家族へのはがき

ロワール川の城めぐりをしながら、東京にいるフランス人の友達に無事を知らせるはがきを送ります。

Salut François,

Je visite les châteaux de la Loire en bicyclette.❶ Le temps est doux et pas humide du tout. Tous les châteaux de la Renaissance sont différents❷ et j'apprends beaucoup de choses sur cette période.

En même temps, je déguste d'excellents vins ⓐ, sans parler des plats au restaurant.❸ⓑ Bref, c'est l'art de vivre à la française, unique au monde.

Le retour au Japon et surtout à Tokyo, sera difficile❹ mais j'ai hâte de te revoir.

Hisao

やあ、フランソワ

自転車でロワールの城を見学しました。❶気候は穏やかで、湿気もありません。ルネサンスの城はどれも違って、❷この時代のことを多く学びました。

同時に、レストランでの料理だけではなく素晴らしいワイン ⓐ も味わっています。❸ⓑ 要するに、世界でただ一つの、フランス流の生きる術というわけ。

日本に、とりわけ東京の生活に戻ることは難しいです❹が、君に会えるよう早く帰ります。

ヒサオ

variations » バリエーション

❶「…を楽しんでいます」
Je visite les châteaux de la Loire en bicyclette.

Je me promène le long de la Loire à bicyclette grâce aux pistes cyclables.
サイクリングロードのおかげでロワール川沿いのサイクリングを楽しんでいます。

Se déplacer à bicyclette en France est très facile.
自転車での移動はフランスではとても簡単なんです。

❷「それぞれに特色があります」
Tous les châteaux de la Renaissance sont différents.

Chaque château a ses caractéristiques.
城それぞれに特色があります。

Chaque château est original.
城それぞれが独創的です。

❸「…だけでなく…も」
Je déguste d'excellents vins, sans parler des plats au restaurant.

Non seulement les vins sont excellents, mais aussi la nourriture.
ワインだけでなく食べ物もひじょうにおいしいです。

Les vins sont très bons, mais aussi les repas au restaurant.
ワインはとてもおいしいですが、レストランの食事もいいです。

❹「…は難しいです」
Le retour au Japon et surtout à Tokyo sera difficile.

Se réaclimater au Japon ne sera pas facile.
日本の生活に戻るのは簡単ではないでしょうね。

Je crains un peu de revenir au Japon.
日本に帰るのがちょっと不安です。

---

point ▶▶▶ ポイント

ⓐ 複数名詞の前に形容詞がある場合、その前の不定冠詞複数形desはdeになる。
   (単数) un excellent vin ／ (複数) d'excellents vins
   ただし、(単数) une voiture rouge ／ (複数) des voitures rouges
ⓑ sans parler de...「…は言うに及ばず、…とは別に」
   desは前置詞deと定冠詞lesの縮約形。

97 「ペタンクをやってみました」旅の報告

夏休みを過ごしている海辺から、みんなに旅先での体験を報告します。

Chers tous,

La mer est bleue, le soleil brille, la plage est propre, bref les vacances s'annoncent bonnes.

<u>Seul bémol,</u> ❶ les vacanciers qui sont très nombreux et <u>les prix qui sont élevés en conséquence.</u> ❷

Le camping est très sympathique et il y a beaucoup d'animations qui me permettent de rencontrer des touristes de tous les pays. <u>Malgré la barrière de la langue,</u> ❸ on se comprend très bien.

<u>Je me suis mis à la pétanque,</u> ❹ c'est le sport national ici.

Bises à tous,

Yoichiro

みんな
海は青く、太陽は輝き、浜辺はきれいで、要するに、最高のバカンスになりそうです。
観光客が多くて、それで**物価が高い**❷のが玉にきずですが。❶
キャンプはとても気持ちよく、さまざまな催しがあるので、各国の旅行客と知り合うことができます。**言語の壁にもかかわらず、**❸よくわかりあえます。
当地では国民的スポーツの**ペタンクをやってみました。**❹
みんなにキスを送ります。
ヨウイチロウ

variations 》 バリエーション

❶「唯一の欠点は…」
Seul bémol...

Seule chose négative...
唯一いただけないのは…

Il n'y a qu'un défaut...
唯一の欠点といえば…

❷「物価が高いです」
les prix qui sont élevés en conséquence.

Tout est très cher parce qu'on est en pleine saison.
繁忙期なので何でもとても高いです。

Les prix augmentent quand il y a plus de vacanciers.
旅行客が増えると物価も上がります。

❸「たとえ…でも」
Malgré la barrière de la langue...

Bien qu'on ne parle pas la même langue.
同じ言語を話すわけでもないのに…

Même si nos langues sont différentes.
言語が違っていても…

❹「…始めました」
Je me suis mis à la pétanque.

J'ai commencé à jouer à la pétanque.
ペタンクを始めました。

J'ai appris la pétanque.
ペタンクを覚えました。

---

point ▶▶▶ ポイント

● pétanque「ペタンク」
金属の球を投げて小さな標的の球(cochonnet)にできるだけ近づけることを競う南仏起源のスポーツ。

boules de pétanque	ペタンクの球
jouer à la pétanque	ペタンクをする
partie de pétanque	ペタンクの試合

98 「君がいなくて寂しい」ラブレター

出張先から恋人に愛の手紙を送ります。

Mon amour,

J'espère que cette lettre te trouvera en bonne forme. <u>Ce voyage d'affaires me pèse</u> ❶ⓐ et d'être loin de toi n'arrange rien. ❷

Penses-tu à moi autant que je pense à toi ? Que les jours sont longs quand tu n'es pas auprès de moi. <u>Je me languis de toi</u> ❸ et je t'imagine en train de lire ou de te promener seule dans la campagne.

<u>Tu me manques plus que je ne pensais</u> ❹ⓑ et je rêve sans cesse de toi.

Je t'aime,

Christian

いとしい人
この手紙が届くとき、君が元気でいてくれるといいのだけど。**この出張はつらく、**❶ⓐ**君から遠く離れていることが事態を悪くしている。**❷
僕が君のことを想っているように、君も僕のことを想っている？　君がそばにいないと1日がなんて長いんだ。**君のことを待ち焦がれて**❸いて、読書したり独りで野山を散歩している君を想像しています。
思っていたより君がいなくて寂しくて、❹ⓑいつも君のことを考えています。
愛しています。
クリスティアン

variations 》　バリエーション

❶「…は退屈です」
Ce voyage d'affaires me pèse.

Je déteste ce voyage d'affaires.
この出張は嫌いだ。

Ce voyage m'ennuie.
この旅は退屈だ。

❷「君がいないので…」
D'être loin de toi n'arrange rien.

Et le fait d'être éloigné de toi augmente mon ennui.
君から離れていることが、僕の憂鬱な気持ちを増幅させる。

Je suis fatigué de ce voyage d'autant que tu n'es pas là.
君がいないのでこの旅は疲れる。

❸「君がいないと困る」
Je me languis de toi.

Je m'ennuie sans toi.
君がいないと困るんだ。

Je pense à toi sans arrêt.
いつも君のことを考えてしまう。

❹「君がいなくて寂しい」
Tu me manques plus que je ne pensais.

Je ne savais pas que tu me manquerais autant.
君がいないとこんなに寂しくなるなんて知らなかった。

Tu me manques affreusement.
君がいなくてひどく寂しい。

---

point ▶▶▶ ポイント

ⓐ peser à qn「人に（精神的な）負担となる、人を悩ませる」
　Ses enfants lui pèsent.（彼［女］は子どものことで頭が痛い）
　Sa présence me pèse.（あいつがいるとうっとうしい）
　Cela me pèse [sur le cœur] de le lui dire.
　（彼［女］にそれを言わなきゃと思うと気が重い）

ⓑ ne は虚辞。従属節中に単独で用い、否定の意味はない。日常語ではしばしば省略される。
　Je suis moins riche qu'on [ne] le dit.
　（私は人が言うほど金持ちではない）

99 「無事帰国しました」お礼

フランス留学でお世話になった家族に、礼状を送ります。

Chers amis,

Je suis de retour au Japon depuis seulement quelques jours. Je voulais par cette lettre vous remercier du magnifique accueil que vous m'avez fait pendant cette année de séjour d'étude en France.

<u>Je garderai de</u> ❶ⓐ nos repas en commun, de nos discussions politiques, de nos sorties le week-end, un souvenir inoubliable.

Tout était parfait et <u>votre aide dans la langue française m'a été précieuse</u> ❷ pour réussir mes examens.

<u>Je vous considère comme ma deuxième famille.</u> ❸ⓑ

Je vous embrasse tous, et j'espère vous voir bientôt au Japon <u>afin que je puisse vous rendre la pareille.</u> ❹

Sachiko

皆様

フランスから数日前に帰ってきました。この手紙で、フランス留学中のみなさんのあたたかいもてなしに感謝を伝えたいと思います。

みんなで囲んだ食卓や政治の議論や週末の外出のことは忘れがたい思い出となっています。❶ⓐ

すべて素晴らしく、みなさんがフランス語を助けてくれたおかげで❷試験に合格することができました。

あなたたちのことを第二の家族のように思います。❸ⓑ

みなさんに抱擁を。そして近いうちに日本でみなさんにお返しができたらと思います。❹

サチコ

4 手紙・ポストカード

variations » バリエーション

❶「決して忘れません」
Je garderai de...

Je n'oublierai jamais...
…は決して忘れません。

Je penserai toujours à...
ずっと…のことを思い出すことでしょう。

❷「あなた方のおかげで」
Votre aide dans la langue française m'a été précieuse.

J'ai appris beaucoup de vous en français.
フランス語に関してあなた方から多くを学びました。

Grâce à vous, j'ai fait de grands progrès en français.
あなた方のおかげでフランス語で大きな進歩がありました。

❸「第二の故郷です」
Je vous considère comme ma deuxième famille.

Vous êtes ma famille de France.
あなた方は私のフランスの家族です。

Vous êtes comme ma famille.
あなた方は家族のようです。

❹「今度お返しをしたいです」
afin que je puisse vous rendre la pareille.

Pour que je puisse aussi vous faire aimer le Japon.
日本を好きになってもらえるように。

Je voudrais vous rendre les mêmes services que vous m'avez rendus.
みなさんがしてくれたように今度は私がサービスする番です。

---

point ▶▶▶ ポイント

ⓐ garder「(思い出・習慣などを) 保つ、(感情・態度を) 持ち続ける」
  Il a gardé un bon souvenir de ce voyage.
  (彼はその旅行のいい思い出を忘れなかった)
  ＊本文ではde以下が先行する形をとっている。

ⓑ considérer A comme B「AをBとみなす」
  Bには名詞、形容詞、形容詞化した分詞が入る。
  On le considère comme un des meilleurs étudiants.
  (彼は最も優秀な学生の一人とみなされている)

フランス人の手書きの文字

　旅先からの便りやクリスマスカード…手書きの手紙やグリーティングカードをもらうのはうれしいもの。でも、フランス語の手紙に返事をしようと思ったら、綴りがよく読めなかった…なんていう経験はありませんか？　ここでは、返事を書く前にまず、フランス人の手書き文字を見てみましょう。

　筆記体は、英語の筆記体に慣れていれば問題はありませんが、大文字のAなど書き方に違いのあるアルファベットもあります。日本人には、sとo、vとr、hとbなどの見分けが難しいことがあるようです。数字にも、1と7など紛らわしいものがあります。アルファベットなら、文脈で推測できることもありますが、電話番号や値段などには注意したいですね。

　以下に、男性と女性の筆跡例を示します。参考にしてみてください。

女性が書いたテキスト例

> Chère Naoko,
>
> Tout va très bien chez moi.
> J'ai trouvé un nouveau petit
> ami, Julien, très sympa et
> pas mal du tout physiquement.
> Je te le présenterai.
> On se voit rapidement ?
> Grosses bises,
>
> 　　　　　Angélique

コラム4

男性が書いたテキスト例

> Chère Françoise,
>
> Pour le 14 juillet, je viendrai à Paris.
> Je voudrais voir le défilé aux Champs-Elysées et peut-être serrer la main du président.
> Le soir, si tu es d'accord, nous irons ensemble danser aux traditionnels bals populaires.
> Ainsi nous aurons célébré la fête de la Révolution française de 1789.
> Au 14 juillet,
> Christian

◐女性が書いたテキスト
Chère Naoko,
Tout va très bien chez moi.
J'ai trouvé un nouveau petit ami, Julien, très sympa et pas mal du tout physiquement.
Je te le présenterai.
On se voit rapidement ?
Grosses bises,
Angélique

◑男性が書いたテキスト
Chère Françoise,
Pour le 14 juillet, je viendrai à Paris.
Je voudrais voir le défilé aux Champs-Elysées et peut-être serrer la main du président.
Le soir, si tu es d'accord, nous irons ensemble danser aux traditionnels bals populaires.
Ainsi nous aurons célébré la fête de la Révolution française de 1789.
Au 14 juillet,
Christian

場面別表現索引

ここでは、「バリエーション」の主要な見出しをカテゴリー別に配列しています。
「13-❶」は、本文中のメール ✉13の「バリエーション」❶にあたります。

あいさつ
…の季節になりました……………………13 - ❶
ご多幸をお祈りします……………………35 - ❶
…をお祈りします…………………………36 - ❷
もう…月です………………………………39 - ❶

アドバイス
働きすぎないで……………………………03 - ❸
…したほうがいい…………………………27 - ❷
…する必要があります……………………27 - ❸
…しなければいけません…………………30 - ❸
…をお勧めします…………………………59 - ❸
…をお勧めします…………………………61 - ❶
…したほうがいいでしょう………………61 - ❷
…の際には注意が必要です………………71 - ❸

安否確認
心配していました…………………………22 - ❶
母子ともに健康です………………………28 - ❶
無事を祈ります……………………………41 - ❸
ご無事ですか？……………………………42 - ❸
…は無事でした……………………………43 - ❸

意見を求める
どう思う？…………………………………13 - ❹
どう思う？…………………………………14 - ❹
ご意見お待ちしています…………………23 - ❹
感想を聞かせてください…………………25 - ❹

依頼
忘れずに…してください…………………01 - ❹
頼みたいことがあります…………………16 - ❷
駄目なら言って……………………………16 - ❸
…してくれると助かります………………16 - ❹

協力が必要です……………………………20 - ❹
アドバイスをください……………………26 - ❹
ほかの方法で送ってください……………34 - ❸
そのようなわけで、…していただけませんか？
　　　　　　　　　　　　　　　　　…51 - ❹
よろしくお願いします……………………52 - ❹
それで、…してほしいのです……………56 - ❸
…をお知らせください……………………66 - ❹
…してください……………………………74 - ❷
…してください……………………………74 - ❹
…していただくことはできますか？……75 - ❹
…をお待ちしています……………………79 - ❹
ご紹介ください……………………………89 - ❹

祝う
よかったね…………………………………04 - ❷
やったね ……………………………………30 - ❶
よかったですね……………………………30 - ❷
心からのお祝いを…………………………30 - ❹

お悔み
哀悼を込めて………………………………92 - ❶
心中お察しします…………………………92 - ❹
驚きをもって…を知りました……………93 - ❶
お悔やみ申し上げます……………………93 - ❹

贈り物をする
お礼に…を受け取ってください…………19 - ❹
気に入ってもらえるといいのですが……29 - ❸

お世辞
いい年齢です………………………………37 - ❸
第二の故郷です……………………………99 - ❸

お礼
- 感謝します……………………19 - ❷
- あなたのおかげです……………19 - ❸
- うれしく思います………………66 - ❶
- …できて幸せです………………67 - ❸
- ご支援ありがとうございます…86 - ❶
- 決して忘れません………………99 - ❶
- あなた方のおかげで……………99 - ❷

仮定・条件
- 一度…したら……………………32 - ❸
- …なしでは………………………55 - ❷
- …の場合、…は不可能です……63 - ❶
- お返事いただき次第……………65 - ❹
- 可能でしたら……………………70 - ❷
- …しなければなりません………89 - ❷

感想
- 楽しかった………………………12 - ❸
- それは面白そうなんです………16 - ❶
- 感動的でした……………………24 - ❶
- これこそ本物の芸術！…………24 - ❹
- …は信じられないことでした…43 - ❷
- 素晴らしいんです………………44 - ❷
- いつも楽しく拝見しています…91 - ❷

希望・期待
- …だといいのですが……………23 - ❸
- …したくてたまらない…………29 - ❹
- 最後に…したい…………………32 - ❷
- 望まないわけではありません…40 - ❸
- …したいのですが………………79 - ❷
- そうすれば…できるのですが…80 - ❷
- …がいいです……………………83 - ❷
- …を希望します…………………83 - ❸

気持ち
- 寂しくなります…………………10 - ❶
- 残念です…………………………11 - ❸
- 会うのが楽しみ…………………14 - ❸
- 楽しみにしていたのに残念……15 - ❷
- とってもうれしい………………29 - ❶
- きっと喜んだことでしょう……29 - ❷
- 面白そう…………………………66 - ❷
- ご心配よくわかります…………84 - ❷
- とても悲しいです………………93 - ❷

近況報告
- 忙しいです………………………02 - ❸
- うまくいっています……………03 - ❶
- 転職しました……………………08 - ❷
- 調子が悪い………………………12 - ❷
- 新しい出会いがありました……12 - ❹
- 遅れています……………………40 - ❶
- 風邪をひきました………………80 - ❶

近況を尋ねる
- うまくいっていますか？………02 - ❷
- 疲れはとれた？…………………12 - ❶
- はかどってる？…………………39 - ❷

禁止・義務
- …しなければなりません………54 - ❷
- …はできません…………………81 - ❸
- しかしながら…の理由にはなりません……82 - ❸

計画・予定
- …することになりました………06 - ❷
- …しようと思っています………13 - ❸
- たぶん…できます………………15 - ❹
- …するつもりです………………39 - ❶
- …の予定はない…………………58 - ❸
- …の可能性があります…………59 - ❶
- テーマは…となる予定です……67 - ❷

断る
- 残念ながら………………………11 - ❷
- 無理です…………………………17 - ❸
- ほかの人が見つかるといいですね……17 - ❹

誘う
…を開催したいと思います……………………06 - ❸
うちに泊まって……………………………………14 - ❷
ともに祝いましょう………………………………28 - ❹
集まりましょう……………………………………32 - ❶
興味ある？…………………………………………44 - ❸

指示
…しておいてください……………………………54 - ❸
…を期待しています………………………………54 - ❹
さしあたり…してください………………………55 - ❹
もれなくご記入ください…………………………71 - ❹

謝罪
ごめんなさい………………………………………15 - ❸
…してごめんなさい………………………………21 - ❶
怒らないでね………………………………………21 - ❹
申し訳ございません………………………………76 - ❶
遅れて申し訳ありません…………………………80 - ❸

承諾
出席します…………………………………………07 - ❶
OK です ……………………………………………18 - ❶
了解しました………………………………………64 - ❶
了解しました………………………………………64 - ❷
了解しました………………………………………79 - ❶
事情はわかりますが………………………………81 - ❶

商品・サービスについて
商品が壊れています………………………………52 - ❶
…させてください…………………………………52 - ❸
不良品をご返送ください…………………………53 - ❷
口座に入金いたします……………………………53 - ❸
購入したいと思っています………………………58 - ❶
〇月〇日の注文に…………………………………62 - ❶
すでに支払い済みです……………………………62 - ❸
費用は負担します…………………………………65 - ❸
追加料金がかかります……………………………73 - ❸
満足できません……………………………………75 - ❶
…しても料金は同じです…………………………78 - ❷

…は料金に含まれます……………………………79 - ❸
…を提供します……………………………………87 - ❶
年会費が必要です…………………………………89 - ❶
費用がいくらかかかります………………………89 - ❸

推薦
お勧めします………………………………………24 - ❷
ぜひ行ってください………………………………24 - ❸
フランス語のタイトルは…です…………………25 - ❶
買って損はありません……………………………25 - ❷

スケジュール
日程は〇月〇日です………………………………06 - ❹
いつまで？…………………………………………18 - ❷
急ぎません…………………………………………20 - ❸
〇時に開催することをお伝えします……………54 - ❶
〇日に開催されます………………………………67 - ❶
…に行われる予定です……………………………81 - ❷

相談
うまくいっていないんです………………………26 - ❶
…な感じがします…………………………………26 - ❷
どうすべきでしょうか？…………………………26 - ❸

提案
…しましょう………………………………………05 - ❷
…しましょうか……………………………………07 - ❸
…でいかがでしょうか……………………………63 - ❹
ご提案します………………………………………76 - ❷
…してみましょう…………………………………76 - ❹

訂正
間違えました………………………………………33 - ❶
正しくは…です……………………………………33 - ❷

手順を説明する
…すれば OK です…………………………………23 - ❷
あとは…するだけ…………………………………44 - ❹
…をご参照ください………………………………73 - ❹

問い合わせ
- …もありますか？ ……………………………58 - ④
- 暗唱番号を忘れました ……………………60 - ①
- どのようにすれば…できますか？ ………60 - ②
- キャンセルできますか？ …………………62 - ②
- …できますか？ ……………………………62 - ④
- いくつか質問がございます ………………68 - ③
- …がわかりません …………………………70 - ①
- 費用は変わりますか？ ……………………70 - ③
- 部屋はあいていますか？ …………………77 - ②
- …はありますか？ …………………………77 - ④
- 無料ですか？ ………………………………88 - ①
- 有料ですか？ ………………………………88 - ②

同意
- …はいいアイデアだ ………………………11 - ①
- とてもいいと思います ……………………14 - ①
- 賛成です ……………………………………85 - ②

慰め・はげまし
- 大丈夫 ………………………………………18 - ④
- 残念がることはありません ………………22 - ②
- 大したことではありません ………………22 - ③
- 考え過ぎですよ ……………………………27 - ①
- 落ち着いて …………………………………27 - ④

念を押す
- …をお伝えしておきます …………………33 - ④

初めての連絡
- メールにて失礼します ……………………51 - ①
- …に連絡先を教えてもらいました ………51 - ②
- 私は…の担当です …………………………73 - ①
- サイトを拝見しました ……………………77 - ①

話を切り出す
- ご存じのとおり… …………………………03 - ④
- ご存じのとおり… …………………………06 - ①
- ご存じのとおり… …………………………09 - ①
- …のためにメールしました ………………13 - ②

- …でメールを書いています ………………20 - ①
- …のためにメールします …………………37 - ①
- …といえば …………………………………39 - ③
- …に関して …………………………………65 - ①
- …の件 ………………………………………71 - ②
- 過日の電話のとおり… ……………………83 - ①

久しぶりの連絡
- メールありがとう …………………………04 - ①
- 連絡ありがとう ……………………………08 - ①
- 覚えててくれてありがとう ………………17 - ①

返事
- それで問題ありません ……………………53 - ①
- お返事ありがとうございます ……………68 - ①
- その日程で大丈夫です ……………………68 - ②
- ご確認ありがとうございます ……………69 - ①
- お問い合わせありがとうございます ……71 - ①
- 情報ありがとうございます ………………74 - ①
- メール拝読しました ………………………91 - ①

弁明
- …するべきだったのに ……………………21 - ②
- …は得意ではありません …………………34 - ②

報告
- …したところです …………………………01 - ①
- アドレスを登録しました …………………02 - ①
- やっとできました …………………………23 - ①
- …したところです …………………………31 - ①
- …を済ませました …………………………72 - ①
- …始めました ………………………………97 - ④

結び（オフィシャル）
- 引き続きご愛顧ください …………………53 - ④
- 幸運を祈ります ……………………………57 - ④
- 何なりとお申し付けください ……………59 - ④
- …してくださいますよう、お願いいたします
  …………………………………………………60 - ④
- ご遠慮なく…ください ……………………61 - ③

233

●場面別表現索引●

ご愛顧に感謝します	61 - ④
返信お待ちしています	67 - ④
できるだけ早くお知らせください	72 - ④
何なりとお尋ねください	78 - ❸
お返事お待ちしています	78 - ④
お手数おかけします	83 - ④
お尋ねください	86 - ❸
…するのをお忘れなく	86 - ④
敬意を表します	88 - ④

結び（プライベート）

…によろしく	04 - ④
ご自愛ください	05 - ④
会うのが楽しみ	07 - ④
会うのが待ち遠しい	21 - ❸
みんなで楽しもう	32 - ④
よろしくお伝えください	35 - ❸
友情を込めて	35 - ④
会えるといいですね	36 - ❸
みなさんによろしく	37 - ④
早めに連絡してください	40 - ④
メールください	41 - ④
連絡ください	42 - ④
再会楽しみにしています	43 - ④

メール

メールが届きません	01 - ❸
添付します	28 - ❷
ほかの方法で試してみます	28 - ❸
添付で送ります	33 - ❸
ファイルが開きません	34 - ❶
添付がありません	74 - ❸

約束

…次第連絡します	04 - ❸
またの機会に	05 - ❶
いろいろ話しましょう	05 - ❸
いつ会える？	08 - ④
…で会いましょう	10 - ④
いつが都合がいい？	11 - ④

理解を求める

…をご理解ください	63 - ❷
あしからず	63 - ❸
ご理解ください	76 - ❸
ご容赦ください	80 - ④

理由

そんなわけで…	01 - ❷
そのうえ…	17 - ❷
…なのでなおさら…	66 - ❸
…なので	82 - ❶

恋愛

彼、イケてる	03 - ❷
もう連絡しないで	38 - ❶
もう一緒にいられません	38 - ❷
君がいないので…	98 - ❷
君がいないと困る	98 - ❸
君がいなくて寂しい	98 - ④

別れ

つい昨日のことのようです	10 - ❷
光陰矢のごとし、ですね	10 - ❸

著者紹介

Christian Kessler（クリスティアン・ケスレー）
アテネ・フランセ講師。
青山学院大学、神奈川大学、武蔵大学非常勤講師。
著書：『口が覚えるフランス語』（三修社）
歴史家、ジャーナリスト、講演会講師としても活躍、« Le château et sa ville au Japon : pouvoir et économie du XVIe au XVIIIe siècle »（1995 年）、« Petit dictionnaire du Japon »（1996 年）、« Dans les archives inédites des Services Secrets »（共著、2010 年）、« Le Japon : Des samouraïs à Fukushima »（共著、2011 年）など歴史、社会、政治に関する著作、新聞・雑誌への寄稿も多い。

山下利枝（やました・りえ）
アテネ・フランセ講師。
訳書：『口が覚えるフランス語』（三修社）

手紙・メールのフランス語
2012年6月30日　第1刷発行

著　者　Christian Kessler　山下利枝
発行者　前田俊秀
発行所　株式会社 三修社
　　　　〒150-0001　東京都渋谷区神宮前 2-2-22
　　　　TEL03-3405-4511　FAX03-3405-4522
　　　　http://www.sanshusha.co.jp
　　　　振替 00190-9-72758
　　　　編集担当　伊吹和真
印刷製本　倉敷印刷株式会社

©Christian Kessler, Rie Yamashita 2012 Printed in Japan
ISBN978-4-384-05592-4 C1085

Ⓡ＜日本複製権センター委託出版物＞
本書を無断で複写複製（コピー）することは、著作権法上の例外を除き、禁じられています。
本書をコピーされる場合は、事前に日本複製権センター (JRRC) の許諾を受けてください。
JRRC http://www.jrrc.or.jp
e-mail : info@jrrc.or.jp
電話：03-3401-2382

本文デザイン：スペースワイ
カバーデザイン：土橋公政